A IGREJA DE CRISTO, ONTEM E HOJE

Editora Appris Ltda.
1.ª Edição - Copyright© 2022 do autor
Direitos de Edição Reservados à Editora Appris Ltda.

Nenhuma parte desta obra poderá ser utilizada indevidamente, sem estar de acordo com a Lei nº 9.610/98. Se incorreções forem encontradas, serão de exclusiva responsabilidade de seus organizadores. Foi realizado o Depósito Legal na Fundação Biblioteca Nacional, de acordo com as Leis nos 10.994, de 14/12/2004, e 12.192, de 14/01/2010.

Catalogação na Fonte
Elaborado por: Josefina A. S. Guedes
Bibliotecária CRB 9/870

```
L864i    Lopes, M. Estêvão
2022        A Igreja de Cristo, ontem e hoje / M. Estêvão Lopes. - 1. ed. -
         Curitiba : Appris, 2022.
            181 p. ; 23 cm. – (Ciências sociais).

            Inclui referências.
            ISBN 978-65-250-3142-2

            1. Amor – Aspectos religiosos - Cristianismo. 2. Graça (Teologia).
         3. Paz – Aspectos religiosos. I. Título. II. Série.
                                                        CDD – 241
```

Livro de acordo com a normalização técnica da ABNT

Editora e Livraria Appris Ltda.
Av. Manoel Ribas, 2265 – Mercês
Curitiba/PR – CEP: 80810-002
Tel. (41) 3156 - 4731
www.editoraappris.com.br

Printed in Brazil
Impresso no Brasil

M. Estêvão Lopes

A IGREJA DE CRISTO, ONTEM E HOJE

FICHA TÉCNICA

EDITORIAL	Augusto V. de A. Coelho Marli Caetano Sara C. de Andrade Coelho
COMITÊ EDITORIAL	Andréa Barbosa Gouveia - UFPR Edmeire C. Pereira - UFPR Iraneide da Silva - UFC Jacques de Lima Ferreira - UP
ASSESSORIA EDITORIAL	Lucas Casarini
REVISÃO	José A. Ramos Junior
PRODUÇÃO EDITORIAL	Tarik de Almeida William Rodrigues
DIAGRAMAÇÃO	Bruno Ferreira Nascimento
CAPA	Eneo Lage
COMUNICAÇÃO	Carlos Eduardo Pereira Karla Pipolo Olegário
LIVRARIAS E EVENTOS	Estevão Misael
GERÊNCIA DE FINANÇAS	Selma Maria Fernandes do Valle

COMITÊ CIENTÍFICO DA COLEÇÃO CIÊNCIAS SOCIAIS

DIREÇÃO CIENTÍFICA Fabiano Santos (UERJ-IESP)

CONSULTORES

Alícia Ferreira Gonçalves (UFPB)	Jordão Horta Nunes (UFG)
Artur Perrusi (UFPB)	José Henrique Artigas de Godoy (UFPB)
Carlos Xavier de Azevedo Netto (UFPB)	Josilene Pinheiro Mariz (UFCG)
Charles Pessanha (UFRJ)	Leticia Andrade (UEMS)
Flávio Munhoz Sofiati (UFG)	Luiz Gonzaga Teixeira (USP)
Elisandro Pires Frigo (UFPR-Palotina)	Marcelo Almeida Peloggio (UFC)
Gabriel Augusto Miranda Setti (UnB)	Maurício Novaes Souza (IF Sudeste-MG)
Helcimara de Souza Telles (UFMG)	Michelle Sato Frigo (UFPR-Palotina)
Iraneide Soares da Silva (UFC-UFPI)	Revalino Freitas (UFG)
João Feres Junior (Uerj)	Simone Wolff (UEL)

O homem tem livre-arbítrio, ele pode escolher: reconhecer a Bíblia como Palavra de Deus e aceitá-la como regra de fé e prática, ou rejeitá-la. Mas se optar por aceitar, tornar-se-á membro do corpo de Cristo e perde o arbítrio. A Igreja não vive em arbítrio próprio. Ela vive em obediência.

(M. Estêvão Lopes)

APRESENTAÇÃO

A Igreja é o corpo de Cristo, formado por pessoas convertidas. Para ter uma melhor compreensão do que é a Igreja, é necessário conhecer sua natureza e missão. O apóstolo Pedro, na sua primeira carta, no capítulo 2:9, resumiu bem a composição da Igreja e descreveu sua natureza e missão: "Vós, porém, sois raça eleita, sacerdócio real, nação santa, povo de propriedade exclusiva de Deus, a fim de proclamardes as virtudes daquele que nos chamou das trevas para sua maravilhosa luz". Para entender melhor o cenário da igreja atual comparado à igreja primitiva, temos de retroagir no tempo, voltar ao princípio do cristianismo.

Antes, o povo judeu tinha como base religiosa os ensinamentos dos fariseus, mas após a fundação da igreja os judeus cristãos passaram a ter, como parâmetro, a doutrina dos apóstolos, que deveria ser o padrão perenal. Os primeiros cristãos eram guiados pelo Espírito Santo e movidos pelo amor, pela fé e pela esperança na promessa de Deus firmada na sã doutrina. A santidade, a ousadia, a oração e a união, apesar do sofrimento, eram outras características que os marcavam. Os mais fortes socorriam os mais fracos. Foram perseguidos em massa, por séculos, mas guardaram a fé e a esperança. Milhares deram a vida por amor a Jesus, os que iam se convertendo não cessavam de anunciar Cristo Jesus por toda a Terra. Eram "sal da terra" e "luz do mundo" (Mateus 5:13-14).

O cristianismo pregado hoje não é mais o mesmo, não traz as características doutrinárias da Igreja dos três primeiros séculos e parece estar perdendo a sua essência. O maior desafio para a Igreja nos dias de hoje são os conceitos da pós-modernidade. Mudança social, cultural e de comportamento humano, aliados à ciência tecnológica, têm afetado de certa forma a Igreja, causando esfriamento espiritual. A falta de amor às almas perdidas, cobiça por bens materiais e avareza, vêm desviando cristãos do tema central do Novo Testamento, e por falta de conhecimento bíblico se deixam levar por ventos de doutrinas.

SUMÁRIO

1
OS FARISEUS 15
1.1 Mestres religiosos 15
1.2 Fariseus: falsos mestres 16
1.3 Judeus convertidos: cidadãos de um novo reino 17

2
A FUNDAÇÃO DA IGREJA DE CRISTO 19
2.1 Tu és o Cristo, o filho do Deus vivo 19
2.2 O nascimento da Igreja 20
2.3 O Espírito Santo é quem convence o coração 21
2.4 O que é a Igreja? 22
2.5 Igreja, a grande comissão 24

3
A EXPANSÃO DA IGREJA 27
3.1 A primeira perseguição dos judeus 27
3.2 Deus intervém em favor do seu povo 28
3.3 A revolta dos judeus 29
3.4 As perseguições romanas contra os cristãos 31
   3.4.1 A primeira perseguição 67 d.C. 31
   3.4.2 Segunda perseguição 81 a 96 d.C. 32
   3.4.3 Terceira perseguição 98 a 117 d.C. 32
   3.4.4 Quarta perseguição 117 a 138 d.C. 33
   3.4.5 A quinta perseguição 161 a 180 d.C. 33

4
A INSTITUCIONALIZAÇÃO DA IGREJA 35
4.1 A conversão de Constantino 35
4.2 Estratégia do inimigo 36
4.3 Cristianismo romano 36

4.4 A Inquisição Católica 37

4.4.1 Inquisição – fato que marcou a Igreja da Idade Média 37

4.4.2 Valdenses, os protestantes 39

4.4.3 A crueldade das inquisições 40

5
A IGREJA NA ERA MODERNA 43

5.1 O movimento reformista 43

5.2 Outros motivos da Reforma Protestante. 43

5.3 A Igreja do século XX 44

5.3.1 O surgimento do neopentecostalismo. 44

5.3.2 Pragmatismo neopentecostal 44

5.4 A Igreja no século XXI. 46

5.4.1 Heresia, o caminho para apostasia 46

5.4.2 Ventos de doutrina. 47

6
IGREJA, O CORPO DE CRISTO 49

6.1 Conceito de Igreja 49

6.2 Amor fraternal e mútuo 50

6.3 Características da Igreja 51

6.4 Corpo, o santuário de Deus. 52

7
CRISTO, CABEÇA DA IGREJA 55

7.1 Membros do corpo 55

7.2 Deus não deu Igreja para pastores, mas pastores para sua Igreja. 55

7.3 O papel do pastor é apascentar as ovelhas de Cristo 57

7.4 Mercenário e falso profeta 58

8
PRÁTICAS ESTRANHAS 61

8.1 Usar objetos ungidos no processo de cura é bíblico? 61

8.2 O perigo dos objetos ungidos 62

8.3 Só o Senhor supre todas as nossas necessidades. 64

8.4 O Senhor não exige sacrifício de seus filhos 65

9
O PODER DA ORAÇÃO 67
9.1 Fé e a oração da cura 67
9.2 Fé e obediência 67
9.3 Curas a distância 68
9.4 A cura está no poder da fé 69

10
A IGREJA NA ERA DA PÓS-MODERNIDADE 73
10.1 Mudança de hábitos. 73
10.2 A tecnologia na vida da Igreja 74
10.3 Pós-modernismo, um desafio para a Igreja 75
10.4 Características do pós-modernismo 76
10.5 A Igreja e o conceito do pós-moderno 77
10.6 Novas tendências afetam a Igreja no século XX 78
10.6.1 Inversão de valores 78
10.6.2 Inversão de valores na adoração e louvor nos cultos 79
10.6.3 A inversão da ética cristã 81
10.6.4 Inversão de valores morais 82

11
ERAS DA IGREJA 85
11.1 Cristianismo primitivo, imperial, medieval e Era Moderna 85
11.2 A Igreja, de perseguida a perseguidora. 87
11.3 Nova era da igreja 88
11.2 Arrebatamento da Igreja e a segunda vinda de cristo 89
11.2.1 Jesus prometeu voltar para buscar sua Igreja. 89
11.2.2 O Arrebatamento. 90
11.2.3 As três principais linhas de pensamento 90
11.2.4 A ressureição 91

12
HAVERÁ DUAS RESSUREIÇÕES 93
12.1 A primeira ressurreição: dividida em três fases 93
12.2 A segunda ressurreição. 94
12.3 O arrebatamento e a segunda vinda de Jesus são secretos? 95
12.4 Quando vão acontecer o arrebatamento e a segunda vinda? 95
12.5 A volta de Cristo e o arrebatamento, o mesmo evento em duas fases 97

13
CONCEITO DE UMA GERAÇÃO 99
13.1 O que é uma geração? 99
13.2 Sinais do fim 100
13.3 A Nova Ordem Mundial 103
13.4 A septuagésima semana profética de Daniel 105
13.5 A tribulação do ano 70 d.C. 106
13.5.1 Israel, a figueira sem frutos secou. 107
13.5.2 Israel, o maior sinal da vinda de Jesus 108
13.5.3 Israel, a figueira que reviveu, Mat. 24:32-44 109
13.5.4 O Senhor nos adverte: Vigiai! 110
13.5.5 A parábola das dez virgens 110
13.5.6 Mantendo o azeite em nossas lâmpadas. 111

14
QUEM SERÁ ARREBATADO? 113
14.1 Serão arrebatados os preparados, vivos e mortos 113
14.2 Assim como foi nos dias de Noé 113
14.3 A grande tribulação e a besta que emerge do mar 114
14.4 A Igreja passará pela grande tribulação? 116

15
O FALSO PROFETA 119
15.1 A besta que emerge da terra. 119
15.2 Império Romano, o quarto animal revela o anticristo? 120
15.3 O Primeiro Triunvirato, divisão e queda do Império Grego 122
15.4 O Segundo Triunvirato, divisão e queda do Império Romano 123
15.2 A morte e ressurgimento do quarto animal 125
15.2.1 A cabeça golpeada de morte 125
15.2.2 Os 10 chifres e o chifre pequeno 126
15.2.3 O quarto reino 128
15.2.4 A Igreja reconhecerá o anticristo? 129

16
UMA VEZ SALVO, SALVO PARA SEMPRE? 133
16.1 A doutrina da salvação. 133
16.2 A salvação é um ato e um processo de Deus 135
16.3 Novo nascimento 137
16.4 O que significa nascer da água e do Espírito? 138

16.2 Ritual de purificação dos judeus 139

    16.2.1 Purificar-se para santificar-se 139

    16.2.2 O banho no Mikvá e o batismo de João .141

    16.2.3 O batismo de João e o batismo de Jesus 143

    16.2.4 O crente perde a salvação? 145

    16.2.5 A santificação 148

17
JESUS E A LEI 153

17.1 A lei foi abolida? 153

17.2 Salvação pela graça 154

17.3 A igreja não envelhece 157

17.4 Estruturação missionária de uma igreja local 160

REFERENCIAS 163

1

OS FARISEUS

1.1 Mestres religiosos

Assim como em todas as sociedades, na história das civilizações, também nos tempos do surgimento da Igreja existiam as classes sociais distintas. Mesmo estando sob domínio do Império Romano, os judeus tinham liberdade para cultuar seu Deus no templo, trabalhar no campo, estabelecer-se como comerciantes, possuir terras e ter o seu próprio governo, seus líderes políticos e religiosos. Nos tempos de Jesus, os judeus tiveram, por principais guias espirituais e líderes religiosos, fariseus e saduceus.[1] Fariseus significa "separados". Era um movimento formado inicialmente por homens da classe trabalhadora e pequenos comerciantes de classe média (alguns de alto padrão), que se fortaleceu e se consolidou ao longo do tempo. O movimento era formado por pessoas íntegras, de conduta ilibada, respeitadas pelo povo e rigorosas quanto ao ensino de toda Escritura do Antigo Testamento (Lei de Moisés) e, principalmente, no ensino da Torá oral (Talmud). Eram estimados pelo povo por sua dedicação, obediência e zelo pela lei. Não exerciam cargo político, mas eram homens influentes por exercerem autoridades sobre as massas que os chamavam de rabinos.

Segundo Cosonato,

> A origem deste movimento tem como ponto de partida a classe trabalhadora. O surgimento deles provém dos "piedosos" que pertenciam à luta armada de Judas Macabeus. Eles provinham, na época de Jesus, das camadas sociais dos artesãos, pequenos comerciantes e gente pertencente à classe média.[2]

---

[1] ESTUDOS BÍBLICOS ULTIMATO. Grupos religiosos da época de Jesus. **Ultimato**, [s. l.], [201-]. Disponível em: https://ultimato.com.br/sites/estudos-biblicos/assunto/igreja/grupos-religiosos-da-epoca-de-jesus/. Acesso em: 2 fev. 2022.

[2] CASONATO, Odalberto D. Quem eram os fariseus. **Trabalhos Feitos**, [s. l.], 17 jun. 2012. Disponível em: https://www.trabalhosfeitos.com/ensaios/Quem-Eram-Os-Fariseus/72785080.html. Acesso em: 2 fev. 2022.

Conseguiram manipular o povo e exercer autoridade sobre ele. Aparentemente, apresentavam-se como partido das massas populares e contra a aristocracia. O povo, sem alternativa, respeitava-os, pois possuíam peso político sem exercerem o poder. Tinham características de serem nacionalistas e de odiarem os estrangeiros. Na época de Jesus, eram moderados e aceitavam a política da convivência imposta pelos conquistadores romanos. Na Judeia, faziam a política dos sacerdotes e das classes ricas de Jerusalém.

1.2 Fariseus: falsos mestres

Além de guardarem os mandamentos da lei de Moisés, os fariseus não renunciavam às tradições antigas — a lei oral. Segundo eles, uma dependia da outra. Conforme alguns pesquisadores, os israelitas afirmam ter recebido a tradição da lei oral quando receberam de Moisés a lei escrita no Monte Sinai. Eles viam a tradição oral como tendo a mesma autoridade da palavra escrita. Entretanto ela sofreu alterações no decorrer do tempo, passando por diversas interpretações e inclusões de várias regras rabínicas farisaicas.[3] Preceitos de homens, não de Deus, foram acrescentados à lei oral. Assim, a lei oral, chamada de tradição, foi repassada ao povo de boca em boca, de geração a geração, como um ritual. Dessa forma, os filhos herdaram o poder dos pais, mas não sua piedade. No tempo de Jesus, era conhecida como "Torá oral", uma tradição dos fariseus a ser observada e seguida por todos os judeus, menos por eles mesmos (Mateus 23:3). Jesus os acusou de "atarem fardos pesados e difíceis de carregar e os colocarem sobre os ombros dos homens, porém eles mesmos nem com o dedo querem movê-los." (Mateus 23:4)[4] Jesus censurou os escribas e fariseus (líderes) não por causa da tradição deles, mas por terem corrompido a lei e assim ensinarem ao povo.

Não há problema em seguir a tradição, o problema está nos seus rituais hipócritas, doutrina que Jesus chamou de "fermento dos fariseus" (Mateus 16:6), marcada e manchada por corrupção e desvio de conduta. A sua doutrina não os deixa entrar no reino de Deus e impede que outros entrem (Mateus 23: 1-7 e 13), pois não criam que Jesus era o messias, e impediam outros de crerem (Vs.13). Gozavam de muitos prestígios

---

[3] MOURA, Vinicius. Você já ouviu falar da lei oral? **Ser Cristão**, [s. l.], 1 set. 2016. Disponível em: https://www.sercristao.org/voce-ja-ouviu-falar-da-lei-oral/. Acesso em: 2 fev. 2022.

[4] BÍBLIA SAGRADA. Tradução de João Ferreira de Almeida. 2. ed. Barueri: Sociedade Bíblica do Brasil, 2008. p. 1283, 23:1-7.

e credibilidade entre o povo, por isso tinham grande peso na opinião pública. No tempo de Jesus, os líderes e guias espirituais dos judeus eram dos fariseus que se autointitulavam mestres.

"Eles amavam os primeiros lugares nas sinagogas, as saudações nas praças e serem chamados de mestres pelos homens", mas Jesus disse: "Vós, porém não sereis chamados mestres, porque um só é vosso mestre, e todos vós sois irmãos." (Mateus 23:6-8)[5]

1.3 Judeus convertidos: cidadãos de um novo reino

O sermão de Pedro no dia de Pentecostes inaugurou na terra a Igreja do Senhor Jesus (Atos 2:37-41). Havia em Jerusalém uma multidão, "vindos de todas as nações", "tanto Judeus como prosélitos, cretenses e árabes" (Atos 2:5-11). Uma nova aliança fez o Senhor com seu povo, sendo Jesus o mediador. Paulo afirma: "Por isso mesmo ele é o Mediador de uma nova aliança, a fim de que, intervindo a morte para remissão das transgressões que havia sob a primeira aliança [...]" (Hebreus 9:15). No Evangelho de João está escrito: "Mas a todos quantos o receberam [Jesus Cristo] deu-lhes o poder de serem feitos filhos de Deus: aos que creem no Seu nome" (João 1:12). Todos que conheceram e receberam a nova doutrina chamada doutrina dos apóstolos foram ligados no céu (Mateus 18-18). Os judeus convertidos "Deixaram de seguir os inimigos da cruz de Cristo" (a doutrina dos fariseus) que reinava sobre eles. Sobre estes, Paulo disse: "Pois muitos andam entre nós dos quais repetidas vezes eu vos dizia e, agora vos digo [...] que são inimigos da cruz de Cristo. O destino deles é a perdição, o deus deles o ventre, e a glória deles está na sua infâmia, visto que só se preocupam com as coisas terrenas" (Filipenses 3:18-19).

Para os judeus convertidos, a doutrina dos apóstolos trazia a mensagem da verdade, da libertação e salvação, enquanto a doutrina dos fariseus os escravizava e os guiava por caminhos incertos. Jesus os chamou de *guias cegos* por diversas vezes (Mateus 23:16-24). Agora, em Cristo Jesus, tornaram-se cidadãos livres, de um novo reino, o reino dos céus.[6]

---

[5] *Ibidem*, p. 1283, 23:8.

[6] SOUZA, N. R. de. Sou cidadão dos céus. **Igreja Presbiteriana Independente**, Londrina, 2 out. 2016. Disponível em: http://www.ipilon.org.br/conteudo-e-midia/mensagem/sou-cidadao-dos-ceus. Acesso em: 2 fev. 2022.

Assim, já não sois estrangeiros e peregrinos, mas concidadãos dos santos, e sois da família de Deus edificados sobre o fundamento dos apóstolos e profetas, sendo Ele mesmo, Cristo Jesus a pedra angular, no qual todo edifício bem ajustado, cresce para santuário dedicado ao Senhor, no qual também vós juntamente estais edificados para habitação de Deus no Espírito. (Efésios 2:19-22) Pois a nossa pátria está nos céus, de onde também aguardamos o Salvador, o Senhor Jesus Cristo. (Filipenses 3:20)

2

A FUNDAÇÃO DA IGREJA DE CRISTO

2.1 Tu és o Cristo, o filho do Deus vivo

Estando o Senhor Jesus em Cesareia, chamou seus discípulos à parte para interrogá-los acerca do que diziam os homens sobre Ele. Após ouvir as respostas, perguntou-lhes: "E vós, quem dizeis que eu sou? E Simão Pedro recebendo a revelação de Deus, respondeu e disse: Tu és o Cristo, o filho de Deus vivo" (Mateus 16:15-16).

Jesus, respondendo a Pedro, disse que sobre a afirmativa dele edificaria sua Igreja: "Também te digo que tu és Pedro, e sobre esta pedra edificarei minha igreja" (Mateus 16:18), ou seja, por aquelas palavras, Pedro revelou a glória de Deus em Cristo como o fundamento para a edificação da Igreja, e declarou que ela seria inabalável e imbatível: "As portas do inferno não prevalecerão contra ela"[7]. Prometeu também a Pedro entregar-lhe as chaves do reino dos céus: "Dar-te-ei as chaves do reino dos céus, e o que ligares na terra terá sido ligado nos céus, e o que desligares na terra, terá sido desligado nos céus" (Mateus 16:18-19). Significa que Pedro foi o primeiro incumbido de anunciar ao povo as boas novas de Deus.

Assim aconteceu no dia de Pentecostes por meio do sermão de Pedro (Atos 2:14-40). Pedro abriu a porta do reino pela primeira vez. As expressões "ligar" e "desligar" eram comuns na fraseologia judaica, e significa declarar permitindo ou declarar proibindo. A confissão de que Jesus é o Cristo é a chave da pregação que abre as portas para o arrependimento e, consequentemente, ao reino dos céus. Ao mesmo tempo, a rejeição a essa confissão ou a descrença fecha a porta para o arrependimento e a entrada para o reino dos céus[8]. Pedro recebeu as chaves.

---

[7] MILLER, Andrew. **A História da Igreja.** Tradução de Hélio Henrique L. C. São Paulo: Editora DLC, 2017. v. 1. p. 16.

[8] GOT QUESTIONS. O que a Bíblia quer dizer com ligar e desligar. **Got Questions,** [s. l.], [20--]a. Disponível: https://www.gotquestions.org/Portugues/ligar-desligar.html. Acesso em: 2 fev. 2022.

A frase está no plural. Isso quer dizer que não foi somente Pedro a ficar encarregado de receber e usar as chaves por exercer o papel de líder. Pedro representava ali os demais apóstolos, por isso a promessa de entregar as chaves foi dirigida a ele, porém cada um recebeu a sua. Todos já haviam sido comissionados por Jesus, e cada um recebeu a bênção de usar a chave quando o Senhor soprou sobre eles o Espírito Santo. "E havendo dito isto soprou sobre eles, e disse-lhes: Recebei o Espírito Santo" (João 20:22). E todos receberam o Espírito Santo e foram capacitados.

2.2 O nascimento da Igreja

Apesar de terem recebido de Jesus o sopro do Espírito Santo (João 20:22), os discípulos não estavam preparados ou capacitados para fazer a obra. Para isso, teriam, por ordem de Jesus, que aguardar em Jerusalém para receber o poder do Espírito Santo: "Eis que envio sobre vós a promessa de meu Pai, permanecei, pois, na cidade até que do alto sejais revestidos de poder" (Lucas 24:49). Enquanto isso, alguns foram pescar na companhia de Pedro[9] (João 21:2-3). É compreensível que os discípulos tenham se comportado como pessoas comuns, com intuito, talvez, de amenizar um pouco de tudo que se passava em suas cabeças, ou pode ser simplesmente por questões financeiras. Certamente estavam ainda confusos, indecisos após todos os acontecimentos daqueles últimos dias. Até então, para eles, tudo era novo.[10]

Dez dias depois da ascensão de Jesus, os apóstolos e mais 120 discípulos, que estavam reunidos, receberam poder ao descer sobre eles o Espírito Santo. E foram capacitados para serem testemunhas de Jesus (Atos 1-8). Segundo a Bíblia Revista Atualizada da Sociedade Bíblica do Brasil, está escrito em Atos 2:1-4: "Chegado o dia de Pentecostes, estavam todos reunidos no mesmo lugar, de repente, veio do céu um som, como de um vento impetuoso, e encheu toda a casa onde eles estavam assentados".

Após a morte, sepultamento e ressurreição de Jesus, os apóstolos deveriam permanecer em Jerusalém por determinação do Mestre, para receberem a promessa do Pai (Espírito Santo) (Atos 1:4). Por isso, encontraram um lugar seguro e provavelmente se reuniam sempre nesse mesmo lugar. O capítulo 1:12-14 de Atos diz que, "quando os apóstolos

---

[9] BÍBLIA SAGRADA. 2008. p. 1424, 21:3.

[10] ROSA, Luiz da. Por que Pedro volta a ser pescador depois que Jesus morreu? **ABíblia.org**, [*s. l.*], 15 jul. 2014. Disponível em: https://www.abiblia.org/ver.php?id=7585. Acesso em: 2 fev. 2022.

chegaram em Jerusalém subiram para o cenáculo onde se reuniam, e perseveravam unânimes em oração juntamente com as mulheres e com os irmãos de Jesus". Observe que, no dia de Pentecostes, conforme Atos 2:1 — "Ao cumprir-se o dia de Pentecostes, estavam todos reunidos no mesmo lugar" — eles estavam todos reunidos no mesmo lugar, ou seja, no lugar de costume. "E apareceram distribuídas entre eles, línguas como de fogo e pousou sobre cada um deles" (Atos 2:3).

"Todas as demais pessoas crentes que estavam reunidas com os Apóstolos (cerca de 120) também ficaram cheias do Espírito Santo e passaram a falar noutras línguas, conforme o Espírito lhes concedia que falasse" (Atos 2:4) e (2:6-8), para que os visitantes estrangeiros pudessem entender.[11] A Bíblia diz que havia, em Jerusalém, judeus tementes a Deus e pessoas vindas de todas as nações do mundo (Atos 2:5). Ajuntou-se uma grande multidão querendo saber o que vinha a ser aquilo, pois cada um os ouvia falar em sua própria língua (Atos 2:8). Atônitos e maravilhados, eles perguntavam: "Acaso não são galileus todos estes homens que estão falando? Então, como os ouvimos falar cada um de nós, em nossa própria língua materna"? (Atos 2:7-8). Ouviram declarar as maravilhas na própria língua deles e ficaram atônitos. Perplexos, todos perguntavam uns aos outros querendo entender tudo aquilo (Atos 2:12). Alguns zombavam deles e diziam que estavam embriagados e questionavam a causa daquele fenômeno. Pelo comportamento dos que receberam o Espírito Santo, diziam que poderiam estar bêbados (Atos 2:13).

2.3 O Espírito Santo é quem convence o coração

Jesus disse em João 16:8-9: "Quando Ele vier, convencerá o mundo do pecado, da justiça e do juízo". O Espírito Santo é quem convence, somos apenas um instrumento.[12] Então, Pedro, cheio do Espírito Santo, juntamente aos 11, pôs-se de pé diante do povo para esclarecer aquele fenômeno e os advertiu, dizendo em alta voz: "Varões judeus, e todos os habitantes de Jerusalém, tomai conhecimento disto e atentai nas minhas palavras" (Atos 2:14). E passou a lhes dar explicação sobre o que havia acontecido. Explicou que aqueles acontecimentos eram o cumprimento

---

[11] SOARES, E. A descida do Espírito Santo. **EBD Areia Branca**, [s. l.], 2011. Disponível em: http://www. ebdareiabranca.com/2011/1trimestre/licao03ajuda01.htm. Acesso em: 2 fev. 2022.

[12] GOMES, Fábio. Se é o Espírito Santo que convence, qual é nosso papel? **Nova Aliança**, [s. l.], 15 out. 2017. Disponível em: https://www.novaalianca.com/mensagens/devocionais/2017/10/23/se-o-espirito-santo-que- -convence-qual-nosso-papel. Acesso em: 2 fev. 2022.

da profecia do profeta Joel (Atos 2:17-21) e que Jesus de Nazaré a quem eles mataram, crucificando-o na cruz, era o Cristo, o Filho de Deus, e que não estava morto, mas havia ressuscitado. Acontece então, nesse dia, o primeiro sermão de Pedro.

> Ouvindo eles estas coisas, compungiu-se lhes o coração e perguntaram a Pedro e aos demais apóstolos: Que faremos, irmãos? Respondeu-lhes Pedro: Arrependei-vos, e cada um de vós seja batizado em nome de Jesus Cristo para remissão dos vossos pecados, e recebereis o dom do Espírito Santo. (Atos 2:37-38).[13]

O resultado foi a conversão e o batismo de cerca de três mil pessoas (Atos 2:41). Assim, o dia de Pentecostes é marcado pelo nascimento da Igreja do Senhor Jesus e "as portas do inferno não prevalecerão contra ela" (Mateus 16:18). Não se tem informação do número de convertidos que havia até aquele momento, mas em Atos 2:41 diz que "houve um acréscimo, somente naquele dia, de quase três mil pessoas". Provavelmente, os primeiros convertidos, na sua maioria, eram judeus. Uma nova aliança foi inaugurada no dia do Pentecostes, cinquenta dias após a ressurreição de Cristo.

2.4 O que é a Igreja?

Paulo, em 1 Coríntios 12:27 diz que somos o corpo de Cristo. A Igreja é um corpo cuja cabeça é Cristo, formado por pessoas chamadas por Deus e convertidas por meio da ação do Espírito Santo, lavadas e purificadas pelo sangue de Jesus, e não um salão formado por quatro paredes como muita gente pensa.[14] Sobre Jesus, Pedro afirmou: "Tu és o Cristo, o Filho do Deus vivo" (Mateus 16:16). No verso 18, o Senhor respondeu: "Também eu te digo que tu és Pedro, e sobre esta pedra edificarei minha Igreja e as portas do inferno não prevalecerão sobre ela". Ou seja, Jesus não está dizendo que Pedro seria o primeiro papa, Pedro nunca foi papa. Está dizendo que edificaria a sua Igreja sobre a declaração de Pedro, que soou como uma rocha.

---

[13] PEREIRA, Fernando. Aspectos do sermão de Pedro no Pentecostes. **O Verbo News,** 25 jan. 2016. Disponível em: https://overbo.news/aspectos-do-sermao-de-pedro-no-pentecostes/. Acesso em: 2 fev. 2022.

[14] RESPOSTAS BÍBLICAS. O que é a igreja? **Respostas Bíblicas,** [s. l.], [20--]a. Disponível em: https://www.respostas.com.br/o-que-e-a-igreja/. Acesso em: 2 fev. 2022.

Rocha é uma estrutura firme, e uma edificação sobre uma rocha não se abala. Ele mesmo, Jesus, é a Rocha sobre a qual a Igreja foi edificada. Em Efésios 2:19-22, Paulo diz que "[...] somos da família de Deus, e edificados sobre o fundamento [Doutrina ou ensinamento] dos apóstolos e profetas, sendo ele mesmo, Cristo Jesus, a pedra angular; no qual [nele, Jesus], todo edifício [todo aquele] bem ajustado, cresce [em Espírito] para santuário dedicado ao Senhor". Cristo é o alicerce da Igreja.[15] (1 Coríntios 3:11).

Jesus disse ainda que daria a Pedro as chaves do reino dos céus, para que tudo que ele ligasse na Terra fosse ligado no céu, e tudo que desligasse na Terra fosse desligado no céu (Mateus 16:19). O que isso quer dizer? Significa que todo aquele que ouvir o evangelho (boas novas de Cristo), arrepender-se, confessar que Jesus é o Cristo e for batizado, a porta do reino dos céus será aberta para ele, e todo aquele que não quiser ouvir, ou ouvir e rejeitá-lo, as portas se fecharão para ele. Como já dissemos antes, todos os apóstolos receberam a chave do reino dos céus, pois Jesus soprou sobre todos eles o Espírito Santo (João 20:22). Havia, em Pedro, um espírito de liderança, talvez tenha sido esse o motivo pelo qual Jesus tenha se dirigido somente a Pedro para prometer as chaves (plural), do reino dos céus: "Dar-te-ei as chaves do reino dos céus" (Mateus 16:19). O Evangelho são as boas novas de Cristo, e representa as chaves que abrem as portas do reino dos céus.[16]

Presbítero André Sanchez, em esboçando ideias, disse: "Chaves são usadas para fechar e abrir". Observe que Jesus não fala de uma "chave", no singular, mas "chaves". Pedro, aqui, representa os demais apóstolos de Cristo. Todos eles foram comissionados por Jesus e receberam a bênção de usar as "chaves" ao receberam o Espírito Santo: "E, havendo dito isto, soprou sobre eles e disse-lhes: Recebei o Espírito Santo" (João 20:22). Essas chaves têm a ver com a confissão de Pedro. A confissão de que Jesus é o Cristo, é a chave da pregação que abre as portas para o arrependimento e, consequentemente, o reino dos céus. Ao mesmo tempo, a rejeição a essa confissão, a descrença ou uma não confissão, fecha a porta para o arrependimento e a entrada ao reino dos céus. É por isso que foi dito a Pedro: "o que ligares na terra terá sido ligado nos céus; e o que desligares na terra terá sido desligado nos céus" (Mateus 16:19).

---

[15] ROLDAN, Luis. A Igreja está edificada sobre Pedro, ou sobre Jesus? **Blog Hora de Semear,** [s. l.], 30 jun. 2013. Disponível em: http://hora-de-semear.blogspot.com/2013/06/sobre-quem-realmente-esta-edificada. html. Acesso em: 2 fev. 2022.

[16] SANCHES, André. O que significa Jesus dar as chaves do reino dos céus a Pedro? **Esboçando Ideias,** [s. l.], jul. 2018. Disponível em: https://www.esbocandoideias.com/2018/06/chaves-do-reino-dos-ceus-a-pedro. html. Acesso em: 2 fev. 2022.

2.5 Igreja, a grande comissão

A palavra Igreja vem do grego *ekklesia*, que, basicamente, significa "assembleia". Muitos entendem que a palavra grega para Igreja pode significar "chamado para fora"[17] por causa da raiz da palavra. Alguns estudiosos da Bíblia afirmam que a palavra Igreja (chamados para fora) se refere à chamada de pessoas convertidas a deixarem o mundo do pecado para servirem a Deus. Ora, se elas foram separadas do mundo, então, não convivem mais com o pecado do mundo. Observe que o Evangelho de João, capítulo 17, deixa claro que Jesus intercede por aqueles que não são mais do mundo. Subentende que todo aquele que é convertido não pertence mais ao mundo.[18]

Veja João 17:16: "Eles não são do mundo, como também eu não sou". Portanto o significado "chamado para fora" ou "sair para fora" deve ser entendido também no sentido literal. Significa abandonar o egoísmo, sair ao encontro das almas perdidas. E há muitas formas de fazer isso. Essa prática era inerente à doutrina dos apóstolos e ao Evangelho de Cristo, e ainda é nos dias de hoje. Anunciar as boas novas ou evangelizar foi, e ainda é, a missão perene da Igreja, a grande comissão. Marcos e Mateus ressaltam a ordem de Jesus: "E disse-lhes: Ide por todo o mundo e pregai o evangelho a toda criatura" (Marcos 16:15). "Ide, portanto, fazei discípulos de todas as nações [...]" (Mateus 28:19). "[...] e sereis minhas testemunhas tanto em Jerusalém como em toda Judeia e Samaria até aos confins da terra" (Atos 1:8). O Senhor mandou ir,[19] é um mandamento, isso implica obediência.

O Evangelho marcou o cristianismo no primeiro, segundo e terceiro século. Apesar das perseguições política e religiosa, da intolerância, da privação de liberdade e do ódio dos líderes judaicos, os primeiros cristãos discípulos foram e testemunharam. Por causa das perseguições contra a Igreja em Jerusalém nas primeiras décadas do primeiro século, todos, exceto os apóstolos, foram dispersos pelas regiões da Judeia e Samaria. "Naquele dia, levantou-se grande perseguição contra a Igreja em Jerusalém, e todos, exceto os apóstolos, foram dispersos pelas regiões da Judeia e de Samaria" (Atos 8:1). O texto de Atos 8:1-3 descreve a primeira

---

[17] SANTOS, Claudio. Chamados para fora. **O Verbo News**, [*s. l.*], 10 dez. 2014. Disponível em: https://overbo.news/chamados-fora/. Acesso em: 2 fev. 2022.

[18] STOTT, John. A grande comissão. **Ultimato**, [*s. l.*], 21 ago. 2018. Disponível em: https://ultimato.com.br/sites/john-stott/2018/08/21/a-grande-comissao. Acesso em: 2 fev. 2022.

[19] SOARES, R. R. **Manual de evangelismo**: como, onde e quando obedecer ao imperativo do mestre. Rio de Janeiro: Editora Graça, 2002. 198 p.

perseguição contra a igreja cristã logo após a morte de Estêvão. O ódio do mundo contra a Igreja não foi novidade para os discípulos, pois Jesus já havia predito: "Lembrai-vos da palavra que eu vos disse: não é o servo maior do que seu senhor. Se me perseguiram a mim, também perseguirão a vós outros" (João 15:20). No mesmo versículo, Jesus garantiu: "Se perseguiram a mim, também perseguirão a vocês, se vocês guardaram a minha palavra, guardarão a vossa também". Quanto mais perseguiam os cristãos, mais cresciam em número.[20]

---

[20] MARSHALL, I. H. A Igreja começa a se expandir. **EBD Areia Branca,** [*s. l.*], 2011. Disponível em: http://www.ebdareiabranca.com/2011/1trimestre/licao06ajuda05.htm. Acesso em: 2 fev. 2022.

3

A EXPANSÃO DA IGREJA

3.1 A primeira perseguição dos judeus

O Senhor Jesus, antes de ascender aos céus, disse a seus apóstolos: "Ide por todo o mundo e pregai o evangelho a toda criatura" (Marcos 16:15). Logo após a morte de Estêvão, levantou-se grande perseguição aos cristãos. "Naquele dia, levantou-se grande perseguição contra os cristãos em Jerusalém, e todos, exceto os apóstolos, foram dispersos pelas regiões da Judeia e de Samaria" (Atos 8:1). As primeiras perseguições foram desencadeadas primeiramente pelos líderes judeus movidos pela inveja e ódio, "[...] entravam nas casas, arrastavam homens e mulheres, e encerrava-os na prisão" (V.3). Apesar das perseguições, a mensagem de Cristo Jesus era anunciada: "[...] os que foram dispersos iam por toda a parte pregando a palavra" (V.4). Muitos ouviram a Palavra e se converteram, e a Igreja "crescia em número" (Atos 9:31). As perseguições aos cristãos contribuíram efetivamente para que as boas novas de Cristo se espalhassem pelo mundo civilizado de então. Desde os meados do primeiro século, já havia congregações cristãs prosperando nas regiões da Ásia Menor que estavam sob domínio dos romanos. Essas congregações foram formadas por judeus da diáspora e prosélitos que ouviram o sermão de Pedro no dia do Pentecostes creram, converteram-se e foram capacitados pelo Espírito Santo.[21]

> O primeiro evento importante na expansão do cristianismo na Ásia Menor foi no Pentecostes de 33 EC. Naquela ocasião, uma multidão de pessoas de várias línguas, que incluía judeus da Diáspora[22] (judeus que viviam fora da Palestina) e prosélitos judaicos, se reuniu em Jerusalém. Os apóstolos de Jesus pregaram as boas novas a esses visitantes. O

---

[21] SMITH, Ralph L. **1918, Teologia do antigo testamento, história, método e mensagem.** Tradução de H. U. F. e Lucy Yamakami. São Paulo: Vida Nova, 2001. p. 405.

[22] JW.ORG. Como o cristianismo chegou à Ásia Menor? **Biblioteca On-line da Torre de Vigia**, [s. l.], [20--] b. Disponível em: https://wol.jw.org/pt/wol/d/r5/lp-t/2007602. Acesso em: 2 fev. 2022.

registro histórico diz que vários desses visitantes vieram da Capadócia, de Ponto, do distrito da Ásia, da Frígia e da Panfília — regiões que compunham grande parte da Ásia Menor. Cerca de 3 mil pessoas aceitaram a mensagem cristã e foram batizadas. Ao voltarem para casa, levaram consigo sua nova fé. — Paulo; Atos 2:5-11, 41.

3.2 Deus intervém em favor do seu povo

Jesus disse que no mundo teríamos aflições (João 16:33), e que seríamos odiados por causa do seu nome (Lucas 21:17), mas que deveríamos perseverar (Lucas 21;19) e ter bom ânimo (João 16:33). O Senhor pode transformar maldição em bênção. Balaão recebeu dinheiro para amaldiçoar os filhos de Israel, "mas o nosso Deus converteu a maldição em bênção" (Neemias 13:2).[23] Saulo, "também chamado Paulo" (Atos 13:9), foi autorizado a ir a Damasco atrás dos cristãos para prendê-los, mas Jesus o impediu. Foi transformado pelo Espírito Santo, de perseguidor implacável dos cristãos, a pregador ousado do nome do Senhor (Atos 9:26-29). Saiu para guerrear como mensageiro da morte, e chegou lá como mensageiro da paz. O Senhor transformou a maldição, que Saulo carregava para lançar sobre os cristãos, em bênçãos. Assim, nem só cristãos de Damasco, mas também as congregações da Ásia tiveram mais liberdade para divulgar com uma certa paz as mensagens recebidas de Jesus. Seus alvos eram os judeus ortodoxos, seus principais adversários, mas isso não os impedia de espalhar as boas novas de Jesus por toda a região. "Então, os que foram dispersos por causa da tribulação que sobreveio a Estêvão se espalharam até a Fenícia, Chipre e Antioquia, não anunciando a ninguém a palavra, senão somente aos judeus" (Atos 11:19-16). O trabalho de evangelismo crescia e chegava a outras regiões, até que "a notícia chegou ao ouvido da Igreja que estava em Jerusalém" (V.22).[24] Então, Barnabé foi enviado à Antioquia para averiguar, quando chegou e viu, foi tomando de grande alegria. "Tendo ele chegado e vendo a graça de Deus, alegrou-se, e exortava a todos a que com firmeza de coração permanecessem no Senhor" (V.23). Barnabé certamente percebeu que precisava de ajuda e foi para Tarso à procura de Saulo. "Tendo-o encontrado levou-o para Antioquia.

---

[23] RESPOSTAS BÍBLICAS. Quem foi Balaão? **Respostas Bíblicas,** [s. l.], [20--]d. Disponível em: https://www.respostas.com.br/quem-foi-balaao/. Acesso em: 2 fev. 2022.

[24] HURLBUT, Jesse Lyman. **1843-1930.** História da igreja cristã. Tradução de João Batista. São Paulo: Editora Vida, 2007. p. 32.

E durante um ano se reuniram naquela Igreja e ensinaram uma numerosa multidão" [...] (V. 26). Nesse período, os romanos não interferiam nas questões religiosas dos judeus, a não ser no cargo de sumo sacerdote que era indicado por Roma.

As perseguições aos cristãos eram mais intensificadas em Jerusalém pelos líderes religiosos ou em outras regiões por judeus opositores.

3.3 A revolta dos judeus

Apesar de os judeus terem certa liberdade em seu território sob domínio romano, sempre houve contrastes entre Jerusalém e Roma. Bastava uma faísca para iniciar um incêndio entre eles. Sempre houve pequenas revoltas dos judeus em Jerusalém, mas eram controladas pelas forças militares de Roma. Os judeus nunca aceitaram a submissão total aos romanos, e reagiam, inclusive, por meio de pequenos movimentos armados, revoltados contra a presença romana. A faísca que faltava para iniciar uma grande revolta, aconteceu por volta do ano 66, quando o procurador da Judeia, Géssio Floro, requisitou 17 talentos do tesouro do templo, acendendo o estopim entre judeus e romanos e provocando a rebelião. Segundo relato de historiadores e pesquisadores, os judeus já vinham sofrendo muitas arbitrariedades por parte de procuradores da Judeia, como o antecessor de Géssio Floro, Luceio Albino (62-64), corrupto e arbitrário.[25]

Floro era insensível às questões religiosas dos judeus, invadia e saqueava o templo para repor a insuficiência da arrecadação de impostos. Isso enfurecia e indignava os judeus.[26] O objetivo romano, na verdade, era defender seus interesses, contando com o apoio do sumo sacerdote para conter as rebeliões. Esses dois fatos culminaram na revolta dos judeus contra Roma na década de 60 d.C. Além das rebeliões dos judeus de Jerusalém, havia ainda a expansão da Igreja e o crescimento dos adeptos ao cristianismo, o que constituía mais um problema para os imperadores romanos. Calígula, um megalômano, autointitulou-se deus e queria ser

---

[25] MONTEIRO, João Gouveia. Flávio Josefo e o cerco romano a Jotapata (67 d.C.). *In*: CERQUEIRA, Fábio; GONÇALVES, Ana Teresa; MEDEIROS, Edalaura; LEÃO, Delfim. (org.). **Saberes e poderes do mundo antigo** – Estudos Ibero-Latino-Americanos. Coimbra: Imprensa da Universidade de Coimbra, 2013. v. 2. Disponível em: https://digitalis-dsp.uc.pt/bitstream/10316.2/34759/1/SaberesePoderesvol.II_artigo9.pdf. Acesso em: 2 fev. 2022.

[26] SITE WIKI. Géssio Floro. **Artigos wiki**, [*s. l.*], 2020. Disponível em: https://artigos.wiki/blog/de/Gessius_Florus. Acesso em: 15 maio 2022.

tratado como uma divindade. Chegou a promulgar um decreto, determinando que fosse erguida uma estátua sua em todos os templos existentes em todos os lugares sob domínio de seu reinado. Queria ser tratado como um deus. Introduziu, em Roma, o culto divino ao imperador. Assim como judeus, os cristãos se negavam a reverenciar o imperador como um deus, e participar de seus rituais religiosos. Furioso com a recusa dos judeus em obedecer à sua ordem, Calígula ameaçou destruir o Templo Sagrado, mas felizmente morreu antes de cumprir seu intento.[27]

> Furioso com a recusa dos judeus em obedecer a sua ordem, Calígula ameaçou destruir o Templo Sagrado. Uma delegação de judeus foi até ele, na tentativa de apaziguá-lo, o que não conseguiu. Calígula ameaçou os judeus de exterminá-los, acusando-os, com razão, de serem inimigos dos deuses, o único povo que se recusou a reconhecer sua condição de divindade. Felizmente, o imperador Calígula faleceu, subitamente, salvando os judeus de uma provável maciça confrontação militar com o Império Romano.[28]

Os poucos registros históricos do primeiro século apontam que a ocorrência desses fatos levou as facções rebeldes da Judeia, que controlavam Jerusalém, a torná-la uma cidade explosiva durante os anos 66 a 70. Foi nessas circunstâncias que o império tomou uma postura repressiva. No ano 70, o exército romano cercou Jerusalém, com várias legiões de soldados, lideradas pelo General Tito, que conteve os revoltosos, destruiu o templo e conquistou a cidade.[29] A batalha foi sangrenta, e o cerco durou sete meses. Centenas de milhares de pessoas morreram de fome ou pela espada. Os que sobreviveram foram dispersos.

---

[27] AIRTON'S BIBLICAL PAGE. História de Israel 32. Os prefeitos e procuradores romanos da Judeia. **Ayrton's Biblical Page**, [s. l.], 23 nov. 2021. Disponível em: https://airtonjo.com/site1/historia-32.htm. Acesso em: 3 out. 2020.

[28] MORASHÁ. A queda do segundo templo sagrado. **Morashá**, [s. l.], jun. 2003. Disponível em: http://www.morasha.com.br/Tisha-b-Av/a-queda-do-segundo-templo-sagrado.html. Acesso em: 3 fev. 2022.

[29] ONÇA, Fabiano. Cerco a Jerusalém, judeus e romanos em um combate trágico. **Aventuras na História,** [s. l.], 11 out. 2019. Disponível em: https://aventurasnahistoria.uol.com.br/noticias/reportagem/historia-o--que-foi-o-cerco-de-jerusalem.phtml. Acesso em: 2 fev. 2022.

3.4 As perseguições romanas contra os cristãos

3.4.1 A primeira perseguição 67 d.C.

Nesse ínterim, os cristãos cresciam em número e a Igreja se expandia por outras regiões do império. Isso incomodava o governo imperial e, além disso, os cristãos se recusavam a participar de cerimônias religiosas oficiais realizadas pelos romanos e não reconheciam o imperador como um deus e se negavam a adorá-lo. Os cristãos tinham o Deus vivo como único Deus, e só a Ele prestavam culto e adoração. Isso enfurecia romanos e pagãos. Nero, que no início de seu reinado agia de forma tolerante para com os cristãos, agora, torna-se um atroz perseguidor, praticando as maiores barbaridades contra eles. Recusar-se a adorar o imperador era considerado prova de deslealdade. Os cristãos não se curvavam diante de ídolos romanos para adorá-los porque eram "livres e rejeitavam a escravidão. Adoravam e cantavam louvores a outro Rei, chamado Jesus, por isso eram considerados conspiradores de uma revolução". Por esse motivo, no ano de 67 d.C. deu-se início à primeira perseguição romana contra a Igreja. Nero atribuiu a culpa aos cristãos pelo incêndio que destruiu parte da cidade de Roma em 64. Muitos foram capturados, maltratados fisicamente e psicologicamente ou jogados para serem devorados pelas feras. Outros milhares foram assassinados.[30] Nero se suicidou em 69 e, nesse ano, Roma enfrentou uma crise de instabilidade político/administrativa, passando por quatro imperadores. Teve de lidar com as revoltas dos judeus na Judeia, Jerusalém, e com a revolta do povo batavo contra o domínio romano. Pouca informação sobreviveu ao período turbulento de 69 a 79, sendo Vespasiano o último dos quatro que governaram nesse curto espaço de tempo. Segundo historiadores, a atenção de Vespasiano voltava agora para programas de estabilidade, reforma fiscal e administrativa. Assim sendo, não houve perseguição aos cristãos nesse período. Com a morte de Vespasiano, em 79, Tito, seu filho, governou o império de 79 a 81. Assim como seu pai, Tito foi complacente com os cristãos.

---

[30] MEDEIROS, Inácio de. A Igreja no Império Romano — perseguições e vitória da Igreja. **A12.com**, [s. l.], 25 out. 2018. Disponível em: https://www.a12.com/redacaoa12/historia-da-igreja/a-igreja-no-imperio-romano-perseguiçoes-e-vitoria-da-igreja. Acesso em: 2 fev. 2022.

3.4.2 Segunda perseguição 81 a 96 d.C.

Tito morreu em 81. Durante seu governo, a Igreja respirou com um pouco de alívio e não houve perseguição contra ela. Domiciano, seu irmão mais novo, tornou-se imperador e reinou em seu lugar de 81 a 96. No começo do seu reinado permitiu à Igreja respirar em paz ainda um pouco mais. Seus maiores inimigos eram os aristocratas e as classes altas que, a seus olhos, poderiam trazer ameaças à autoridade imperial. Com receio de nova instabilidade política em virtude da liberdade que houve no governo Tito, Domiciano entendeu que deveria ser mais austero. Sua administração favoreceu a classe média, pobres e cristãos, por pertencer a essa camada. Os cristãos deveriam ser considerados problema dos judeus, sem a intervenção de Roma, no entanto, com expansão da Igreja e o crescente número de adeptos ao cristianismo, passou também a ser um problema para Roma. Separados do judaísmo, os cristãos foram acusados de anarquistas e de ateísmo por não cultuarem e não participarem do culto oficial do império e não adorarem os deuses romanos. Por causa disso, nos últimos três anos de seu reinado, Domiciano se revelou um tirano, desumano e cruel, empreendeu nova perseguição aos nobres considerados seus inimigos, aos cristãos e todos aqueles que os protegiam. Eram presos, torturados, espoliados e executados.[31]

3.4.3 Terceira perseguição 98 a 117 d.C.

Trajano sucedeu Domiciano e governou entre 98 e 117 d.C. Houve um período de tréguas nas perseguições e os cristãos puderam gozar um pouco de paz.[32] Por um decreto do imperador Trajano, os cristãos não deveriam mais ser perseguidos ou procurados, mas, se fossem denunciados, poderiam ser presos ou condenados à morte. Muitos foram denunciados, por inveja, calúnia ou por vingança pessoal. O Senhor Jesus havia alertado seus discípulos quanto a isso: "Um irmão entregará à morte outro irmão [...]" (Marcos 13:12).

---

[31] BONI, Luis Alberto de. O estatuto jurídico das perseguições dos cristãos no império romano. **Trans/Form/Ação**, Marília, v. 37, p. 135-168, 2014. Disponível em: https://doi.org/10.1590/S0101-3173201400ne00009. Acesso em: 2 fev. 2022.

[32] BLOG CANÇÃO NOVA. Perseguição aos cristãos: Imperadores Trajano e Marco Aurélio. **Blog Canção Nova**, [s. l.], 15 out. 2012. Disponível em: https://blog.cancaonova.com/hpv/perseguicao-aos-cristaos-imperadores-trajano-e-marco-aurelio/. Acesso em: 2 fev. 2022.

3.4.4 Quarta perseguição 117 a 138 d.C.

Com a morte de Trajano, no ano 117 d.C., Adriano, seu sobrinho, governou o Império Romano em seu lugar e continuou com as perseguições, apesar de ser um pouco mais brando com os cristãos. Antonino Pio, seu sucessor, governou o império de 138 a 161 e deteve as perseguições contra os cristãos por um tempo.[33]

3.4.5 A quinta perseguição 161 a 180 d.C.

Marco Aurélio sucedeu a Antonino Pio em 161 d.C. e desencadeou a quinta perseguição aos cristãos.

> Era um homem de natureza rígida e severa. Em seu governo foi duro e cruel contra os cristãos. Porém as perseguições produziam uma Igreja pura. Quem quisesse fazer parte dela tinha de ser sincero em sua profissão de fé. Ninguém se unia à igreja para obter lucro ou popularidade, riqueza ou prosperidade, mas somente aqueles que estavam dispostos a serem fiéis até à morte. Onde quer que procurassem refúgio eram cassados, e forçados a procurar esconderijos em lugares desolados. Habitavam em cavernas nas montanhas e nas catacumbas. Assim como foi com os filhos de Israel no passado, aconteceu com os cristãos dos primeiros séculos (Hebreus 11:37-38). Sob as mais atrozes perseguições, estes cristãos se conservaram incontaminados em sua fé, de todo conforto, excluídos da luz do sol, tendo o seu lar no obscuro seio da terra. Onde eles nunca sabiam se era noite ou dia, e não faziam queixa alguma.[34]

As perseguições continuaram com os sucessores de Marco Aurélio até o ano 211 d.C. Depois disso, houve um intervalo de paz, o que permitiu a expansão e crescimento da Igreja. Porém, nos reinados de Décio e Valeriano, a partir do ano 249 d.C., o cristianismo passou a ser visto novamente como uma ameaça ao império, e precisava ser impedido. E novas perseguições voltaram com toda força contra a Igreja em todas as províncias do império.

---

[33] MARTINEZ, João Flavio. As perseguições na igreja primitiva. **CACP**, [s. l.], jun. 2019. Disponível em: http://www.cacp.org.br/as-perseguicoes-na-igreja-primitiva/. Acesso em: 2 fev. 2022.

[34] HISTÓRIA DA IGREJA PRIMITIVA – RESUMO. [S. l.: s. n.], 2017. Publicado pelo canal Marcelo Dias 27 – MD27. Disponível em: https://www.youtube.com/watch?v=R5snYP65KJ4. Acesso em: 2 fev. 2022.

No final do terceiro século, início do quarto, período entre 284 e 305 d.C., os imperadores Valeriano e Diocleciano deram continuidade aos métodos de seus antecessores ou até mesmo superando-os em crueldades. Não era crime ser cristão, mas era obrigatório sacrificar aos deuses romanos. Quem recusasse era castigado, tinha seus bens confiscados, era banido, morto ou mandado para trabalhos forçados. Diocleciano mandou destruir os templos cristãos e os escritos sagrados. Suas perseguições alcançaram todo o império e os cristãos que desobedeciam eram caçados e exterminados.[35]

---

[35] HURLBUT, Jesse Lyman. **1843-1930**. História da igreja cristã. Tradução de João Batista. São Paulo: Editora Vida, 2007. p. 65-67.

4

A INSTITUCIONALIZAÇÃO DA IGREJA

4.1 A conversão de Constantino

Por 250 anos, a Igreja foi perseguida pelo Império Romano e sofreu as maiores atrocidades de sua história. Mesmo sendo forçada a viver na clandestinidade por causa das ondas de perseguições, não pôde ser detida ou contida. Cada tentativa de destruí-la a tornava ainda mais forte. Quanto mais torturados eram os cristãos, mais a Igreja se expandia e crescia em número. Tudo isso mudou quando Constantino, o imperador, percebeu que o cristianismo se fortalecia socialmente, reconheceu sua importância e dimensão, então, aproveitou-se disso para obter mais força política, aliando-se aos cristãos, no ano de 312 d.C. Por meio do Édito de Milão, no ano de 313, Constantino acabou com as perseguições romanas aos cristãos, declarou-se cristão, deu liberdade de culto religioso aos cristãos e proclamou o domingo (Dia do Sol) como o dia do descanso. Para alguns, foi em homenagem ao "deus sol". Na verdade, os cristãos já reconheciam o domingo como dia do Senhor. Mas foi pelo Édito de Tessalônica, mais tarde, que o imperador Teodósio transformou o cristianismo em religião oficial do Império Romano, institucionalizou a Igreja, promulgou a lei canônica e proibiu o culto pagão greco-romano.

A conversão de Constantino ao cristianismo foi uma intervenção de Deus para cessar o peso das perseguições sobre os cristãos, ou foi mais uma estratégia de Satanás? A história não pode responder a isso. Se sua conversão foi genuína ou não só Deus sabe, mas o contexto histórico da Igreja nos aponta que a conversão de Constantino não foi por acaso, estava no projeto de Deus. Agora oficialmente institucionalizada, a Igreja se fortaleceu politicamente e expandiu as fronteiras do cristianismo pelo mundo.[36]

---

[36] COLE, Neil. Constantino e a institucionalização da Igreja. **Blog do Lino**, [s. l.], 2 dez. 2010. Disponível em: https://tiagolinno.wordpress.com/2010/12/02/constantino-e-a-institucionalizacao-da-igreja/. Acesso em: 2 fev. 2022.

4.2 Estratégia do inimigo

Uma coisa pode-se afirmar, baseando-se no contexto histórico bíblico: como não conseguiu deter e destruir a Igreja por meio das perseguições, Satanás muda de estratégia. Ao invés de lutar contra a Igreja, alia-se a ela. Com a proibição dos cultos pagãos greco-romanos, muitos adeptos tiveram de deixar Roma. Os que permaneceram passaram a se reunir com os cristãos sem passar pelaexperiência da conversão, levando consigo todo simbolismo pagão e suas práticas que, aos poucos, foi absorvido pelo cristianismo.[37] O Senhor Jesus não fundou uma Igreja ecumênica. A doutrina instituída pelos apóstolos é única, nunca foi ecumênica, porque Jesus Cristo foi, é e sempre será o centro, o Alfa e o Ômega, o camino, a verdade e a vida. Foi Ele quem expiou ou pagou o preço pelos nossos pecados, derramando seu sangue na cruz. Foi o único que ressuscitou dentre os mortos e vive.

Durante os três primeiros séculos, a Igreja permaneceu incontaminável, pura na sua essência e firmada na doutrina dos apóstolos. Muitos morreram, mas não se sucumbiram ante os deuses pagãos. Agora, a Igreja institucionalizada caiu na armadilha do diabo, deixou-se contaminar pelas práticas do paganismo, perdeu sua verdadeira identidade, criou seus próprios dogmas. O paganismo afetou o culto cristão a partir do século IV. Surgiu o monarquismo, as liturgias, formas de oração (reza) e crenças estranhas aos ensinos dos apóstolos. Alguns mártires eram adorados como pequenas divindades. Assim como Semíramis era para os pagãos, era Maria para os cristãos. Passou a ser cultuada e adorada como uma deusa, quando somente Jesus deveria ser adorado e cultuado.[38] A submissão ao senhorio de Jesus deveria ser exclusiva, porém Maria passou a ocupar lugar de destaque e ser chamada de "senhora" quando, na verdade, o Senhor Jesus é o único Senhor (Romanos 10:9).

4.3 Cristianismo romano

A Igreja, como corpo de Cristo formado por pessoas convertidas, fundamentada nos ensinos dos apóstolos no primeiro e segundo século, caiu no esquecimento, perdeu sua característica formal. Deixou de ser o

---

[37] HURLBUT, Jesse Lyman. **1843-1930**. História da igreja cristã. Tradução de João Batista. São Paulo: Editora Vida, 2007. p. 92-93.

[38] SOUZA, Eguinaldo Hélio de. Doze erros do Catolicismo Romano. **Missão Atenas**, [s. l.], [20--]. Disponível em: http://www.missaoatenas.com.br/site/?p=338. Acesso em: 2 fev. 2022.

cristianismo apostólico católico para ser romano. Passou a ser representada somente pela figura do Bispo, tendo o Papa como cabeça da Igreja, porém a Bíblia ensina que Cristo é o cabeça da Igreja (Efésios 5:23). Chamam Deus de Pai, mas criaram para si um mito: o Papa. Revestiram-no de poderes para perdoar pecados, julgar e condenar, decidir quem merece receber ou não o título de santo depois de morto, e o consideram pai.[39]

A palavra Papa no grego significa "pai" ou "papai", quando o Senhor Jesus ensina que é Deus o nosso único Pai (Mateus 6:6-8). A Igreja se tornou poderosa financeiramente e de muita influência política e social, após se tornar a Igreja oficial do império e livre de perseguições. Apesar de tudo, isso possibilitou a expansão do cristianismo, que ultrapassou as fronteiras a partir século V, alcançando a Europa, parte da Ásia e, mais tarde, as Américas, tornando o nome de Jesus conhecido por toda a parte.

> O termo "Papa" (provém do Latim "*Papa*", do Grego πάππας, *Pappas* uma palavra carinhosa para *pai*) é o título mais famoso e associado ao Bispo de Roma, sendo usado no protocolo, documentos e assinaturas. Existem diversas interpretações sobre o significado e a aplicação do título, dentre elas que "papa" seria um acrônimo em latim onde cada letra corresponderia a uma palavra: *Petri* Apostoli *Potestantem Accipiens* ("o que recebe o poder do apóstolo Pedro"); ou ainda *Petrus Apostolus Princeps Apostolorum* ("Pedro Apóstolo, Príncipe dos Apóstolos"). Também foi proposta como origem a união das primeiras sílabas das palavras latinas *Pater* ("Pai") e *Pastor* ("Pastor").[40]

4.4 A Inquisição Católica

4.4.1 Inquisição – fato que marcou a Igreja da Idade Média

Nesse tempo, houve divergência de cunho doutrinário e teológico. Muitos deixavam a Igreja por não concordarem com as regras doutrinárias

---

[39] CENTRO PRESBITERIANO DE PÓS-GRADUAÇÃO. História da igreja. Sua origem, evolução histórica e significado atual. **Centro Presbiteriano de Pós-Graduação,** [*s. l.*], [20--]. Disponível em: https://cpaj.mackenzie.br/historia-da-igreja/igreja-antiga-e-medieval/o-papado-sua-origem-evolucao-historica-e-significado-atual. Acesso em: 6 ago. 2020.

[40] TÍTULOS DO BISPO DE ROMA. *In*: WIKIPÉDIA, a enciclopédia livre. Flórida: Wikimedia Foundation, 2019. Disponível em: https://pt.wikipedia.org/w/index.php?title=T%C3%ADtulos_do_Bispo_de_Roma&oldid=56165286. Acesso em: 2 fev. 2022.

criadas pelo clero. Os dissidentes e seus seguidores propagavam seus pensamentos ideológicos por diversas partes do mundo, mas vale ressaltar que nem todos tinham características heréticas. Esses pensamentos religiosos cresceram entre os séculos XII e XV, causando a maior preocupação nos clérigos da Igreja Católica daquele período. Por interpretações contrárias à doutrina dos apóstolos, o clero criou regras e ensinamentos que não vinham de Deus, influência das religiões pagãs que surgiram do cristianismo católico desde o século IV. São sementes germinadas que Satanás plantou no seio da Igreja, quando o paganismo incorporou ao cristianismo. Segundo alguns historiadores, o crescimento e fortalecimento das seitas heréticas no século XII foi em virtude da crise espiritual, política e moral que assolou a Igreja Católica Apostólica Romana naquele período.

Segundo Pelegrini,

> O catarismo — uma das mais importantes heresias que sacudiram o mundo cristão na Idade Média — encontrou na decadência institucional da Igreja Católica terreno fértil para germinar e crescer. Há 800 anos, no início do século 13, o papa Inocêncio III lamentava a situação do seu pontificado: as igrejas estavam desertas, a crise de vocações reduzia o número de sacerdotes, os fiéis mostravam desconfiança e pouco interesse pelas Sagradas Escrituras e pelas questões da Santa Madre Igreja. O clero estava entregue ao luxo, à corrupção política, ao tráfico de influências e, em muitos casos, à luxúria e à devassidão. A coisa vinha de longe, desde [...] o século IV. Muitos papas e altos prelados passaram a ser escolhidos não mais por sua vocação e virtudes, e sim por pertencerem a famílias da nobreza detentora do poder. Poucas décadas antes, o papa Bento IX (1032-1048) herdara o título por ser sobrinho do papa João XIX. Acusado de estupros e assassinatos, ele foi descrito [...] como "um banquete de imoralidade, um demônio do inferno sob o disfarce de um padre" que organizava orgias patrocinadas pela igreja. Em seu último ato de corrupção como papa, Bento IX decidiu que queria se casar e vendeu seu título para seu padrinho por 680 quilos de ouro. [...] As notícias sobre os desmandos da Igreja corriam por toda parte, enquanto, ao mesmo tempo, em vários lugares da Europa, pipocavam movimentos heréticos. [41]

---

[41] PELEGRINI, Luis. Cátaros, a morte em nome de Deus. **Revista Planeta,** [s. l.], 1 fev. 2011. Disponível em: https://www.revistaplaneta.com.br/cataros-a-morte-em-nome-de-deus/. Acesso em: 2 fev. 2022.

Nessa circunstância, início do século XII, é que foi criada no território europeu a "Inquisição Católica", pelo Papa Gregório IX, e se estendeu até ao século. Tribunais formados por eclesiásticos para julgar e condenar todos aqueles considerados uma ameaça às doutrinas dessa instituição.[42] O propósito, na verdade, não era combater a propagação das heresias e do sectarismo religioso. Isso foi apenas um subterfúgio para caçar, prender e exterminar os protestantes que pregavam o verdadeiro evangelho. Foi mais uma tática de Satanás para impedir a propagação da verdadeira doutrina e extinguir o protestantismo. É importante destacar que, ao contrário do que afirmam os historiadores e pesquisadores católicos, o contexto histórico do ensino cristão aponta que muitos dos divergentes deixaram a Igreja não por pensamentos heréticos, mas por não concordarem com as heresias do próprio clero.

4.4.2 Valdenses, os protestantes

Ario e Nestório, Presbítero e Bispo da Igreja no século IV, foram dissidentes que, com suas teses heréticas e filosóficas, arrastaram multidões após si. Já os valdenses negavam a autoridade do Papa e determinados princípios do catolicismo, como a crença no purgatório e o culto aos santos, e defendiam o direito dos fiéis de lerem a Bíblia. Em 1184, foram excomungados e proibidos de pregar o Evangelho. Mesmo assim, traduziram a Bíblia na língua do seu povo e continuaram, clandestinamente, a pregar e ensinar a doutrina dos apóstolos. Pregavam um evangelho puro, incontaminado. Eram protestantes e não hereges.[43] Seus seguidores se multiplicavam e cresciam rapidamente por toda a parte, principalmente na França e na Itália. Foram expulsos da Igreja, por desobediência, e não por heresia.

> Os Valdenses foram encarados como ameaça, principalmente por questionarem as autoridades eclesiásticas e seculares, não se submetendo a elas. Por serem irredutíveis nesse aspecto, foram considerados pela Igreja como subversivos e, assim, excomungados e perseguidos pela Inquisição.[44]

---

[42] SÓ HISTÓRIA. A Inquisição. **Só História**, [s. l.], [20--]. Disponível em: https://www.sohistoria.com.br/ef2/inquisicao/. Acesso em: 2 fev. 2022.

[43] JW.ORG. Os Valdenses — Hereges buscando a verdade. **Biblioteca On-line, da Torre de Vigia**, [s. l.], [20--]a. Disponível em: https://wol.jw.org/pt/wol/d/r5/lp-t/1981566. Acesso em: 2 fev. 2022.

[44] SILVA, Daniel Neves. Heresia dos Valdenses. **Brasil Escola**, [s. l.], [201-]. Disponível em: https://brasilescola.uol.com.br/historiag/heresia-dos-valdenses.htm. Acesso em: 2 fev. 2022.

4.4.3 A crueldade das inquisições

A primeira inquisição foi instituída pelo Papa Gregório IX, em 1233, com a anuência do Estado, uma vez que Igreja e Estado eram um só. Tinha como objetivo combater os hereges. Os valdenses eram perseguidos e caçados, homens e mulheres eram presos e submetidos a todos os tipos de torturas. Eram mortos por afogamento, queimados vivos em praça pública e suas aldeias eram queimadas e destruídas. Os que conseguiam escapar, incluindo mulheres e crianças, fugiam para outras regiões, buscando lugar seguro nas montanhas e vales, onde muitos morreram de fome e sede. Porém esses remanescentes não deixaram morrer a semente do evangelho, mas continuaram a semear para que germinasse em outros corações. A Inquisição continuou com seus métodos disciplinares no século XIV e XV, porém a mais terrível e última inquisição, ocorreu entre o século XVIII e XIX, a Inquisição Espanhola. Seus tribunais eram compostos por homens cruéis. Milhares de judeus cristãos tiveram seus bens confiscados, fugiram, ou foram massacrados e mortos depois de sofrer as piores torturas. Muitos, dos "sobreviventes eram mandados para o trabalho forçado nas galés dos navios" sofrendo as maiores atrocidades por causa do nome de Jesus. José Lima escreveu: "Quando começou a reforma, os exércitos da Igreja organizada aproveitaram para se vingar contra os Valdenses, e arrasaram literalmente várias de suas aldeias e povos".[45]

Em Provença, no sul da França, 30 aldeias valdenses floresciam e mantinham contato com os líderes da reforma.

Ao tomar conhecimento disso, seus inimigos relataram o fato ao rei da França, Francisco I, e o convenceram por meios de ardis e mentiras. Pressionado pelo Cardeal de Tournon, Francisco ordenou que todos os valdenses fossem exterminados no ano de 1545, enviando um exército contra eles, que depois de sete semanas de matança, terminou com a morte de cerca de quatro mil homens e mulheres. Vinte e duas aldeias ficaram totalmente destruídas, porém um reduzido número de pessoas conseguiu escapar".[46]

---

[45] INSTITUTO HUMANISTAS UNISINOS. Aldeias incendiadas, massacres, tortura: a secular perseguição contra os valdenses. **Revista IHU On-line,** [s. l.], 24 jul. 2015. Disponível em: http://www.ihu.unisinos.br/169-noticias/noticias-2015/543875-aldeias-incendiadas-massacres-tortura-a-secular-perseguicao-contra-os-valdenses. Acesso em: 2 fev. 2022.

[46] GREEN, Toby. **Inquisição:** o reinado do medo. Tradução de Cristina Cavalcanti. Rio de Janeiro: Editora Objetiva, 2012.

O cristianismo foi considerado uma seita ilegal por alguns imperadores nos três primeiros séculos. Porém, com a sua institucionalização no século IV, tornou-se religião do império. Com a religião unificada, a Igreja paulatinamente assimilou as práticas do paganismo. Foram incluídas, na lei canônica, doutrinas que não vieram de Deus, ensinamentos de homens que nunca foram corrigidos, como: batismo de criança, existência do purgatório, reza, sinal da cruz, adoração a Maria, idolatria de imagens, confessório, poder do padre para perdoar pecados, penitências, vendas de indulgências e muitos outros que nem Jesus nem os apóstolos ensinaram. A inveja e o ódio levaram os clérigos católicos às perseguições contra todos os que protestavam seus princípios. Para eles, não havia distinção entre protestantes e seitas heréticas, como o catarismo, arianismo, nestorianismo e outras. Mas o foco principal eram os valdenses.

> [...] durante a esta triste época da história, milhares de pessoas foram torturadas ou queimadas vivas por acusações que, muitas vezes, eram injustas e infundadas. Com um poder cada vez maior nas mãos, o grande inquisidor chegou a desafiar reis, nobres burgueses e outras importantes personalidades da sociedade da época. Por fim, esta perseguição aos hereges e protestantes, foi finalizada somente no início do século XIX.[47]

---

[47] SÓ HISTÓRIA. A Inquisição. **Só História,** [s. l.], [20--]. Disponível em: https://www.sohistoria.com.br/ef2/inquisicao/. Acesso em: 2 fev. 2022.

5

A IGREJA NA ERA MODERNA

5.1 O movimento reformista

A Reforma Protestante mudou a história da Igreja no mundo, um movimento reformista iniciado na Inglaterra pelo padre católico John Wycliffe, na segunda metade do século XIV. Wycliffe tecia críticas e se posicionava contra as doutrinas e práticas católicas, defendia que a salvação era pela fé e não pelas vendas de indulgências praticadas pelo clero. Assim como Wycliffe, outros pré-reformadores se destacaram, dentre eles, Jan Hus e os valdenses, movimento religioso iniciado na França, século XII, que fizeram ecoar suas vozes contra os princípios doutrinários da Igreja Católica. No século XVI, Martinho Lutero, um monge católico da Alemanha, não concordava com algumas práticas do clero nem com a forma de interpretar teologicamente as Escrituras. Lutero foi um propulsor das ideias dos pré-reformistas e deu prosseguimento à reforma, divulgando suas 95 teses que, depois de impressas, espalharam-se por toda a Europa.[48]

5.2 Outros motivos da Reforma Protestante

Além das questões teológicas e doutrinárias da Igreja, a reforma teve outras causas: a corrupção e a ganância do clero. O poder dos reis estava subordinado à autoridade da Igreja. Era quase impossível se manter no poder sem a aprovação do papa, uma vez que ele detinha o poder religioso, político, social e econômico do Estado. Estipulava e cobrava impostos dos seus fiéis, tornou-se um império financeiro e a maior e mais poderosa autoridade monopolista da Europa, dona de riquezas gigantescas e proprietária de imensas áreas de terras. Reis e nobres, por questões políticas e econômicas, viram na reforma uma oportunidade de romper o vínculo da autoridade do papa com o Estado. O fato é que

---

[48] SOUZA, Rainer Gonçalves de. A Reforma Religiosa. **História do Mundo**, [s. l.], [20--]a. Disponível em: https://www.historiadomundo.com.br/idade-moderna/a-reforma-religiosa.htm. Acesso em: 2 fev. 2022.

as divergências religiosa, política e econômica entre a realeza e a igreja contribuíram para gerar conflitos sociais naquele período em decorrência do poder religioso constituir base de poder econômico. Isso marcou o início do declínio do poder católico e do poder absoluto do papado, do avanço e consolidação das reformas protestantes de Martinho Lutero. Foi mais uma intervenção de Deus na história da Igreja.[49]

5.3 A Igreja do século XX

5.3.1 O surgimento do neopentecostalismo

A heresia sempre esteve presente na vida da Igreja, desde a sua constituição no século IV, mas acentuou-se nos meados do século XX, com a chegada do pós-modernismo e o surgimento do neopentecostalismo, um movimento que surgiu nos Estados Unidos e chegou ao Brasil na década de 70 e 80. Conhecido também como "Terceira Onda" ou "Movimento da Renovação Cristã". Um fenômeno dentro do cristianismo, de origem pentecostal. A principal característica do neopentecostalismo é a Teologia da Prosperidade.[50] Ensinam que a fé está vinculada ao sacrifício pessoal, como condição principal para receber de Deus bênçãos materiais. É verdade que Deus não quer seus filhos na miséria, na doença ou no sofrimento, mas é verdade também que Deus não exige de nós sacrifícios para nos abençoar, mas fidelidade e fé. No começo, esse novo movimento que inspirava na sã doutrina pentecostal, trazendo novas revelações, apresentou uma nova versão exegética interessante, até então desconhecida da igreja protestante, o despertamento da fé. O exercício da fé é um mandamento bíblico, é a base da nossa relação com Deus. É por meio da fé que conquistamos tudo o que pedimos a Deus.

5.3.2 Pragmatismo neopentecostal

O novo pentecostalismo cresceu e se expandiu no século XXI, porém sua mensagem não é mais a mesma, tornando-se um paradoxo teológico recheado de pragmatismo. Adotaram novos métodos de comunicação,

---

[49] MOCZAR, Diane. Revolução protestante e a suposta corrupção da Igreja Católica — Parte 1. **Apologistas Católicos**, [s. l.], 28 set. 2012. Disponível em: http://www.apologistascatolicos.com.br/index.php/idade-media/moral/535-revolucao-protestante-e-a-suposta-corrupcao-da-igreja-catolica-parte-1. Acesso em: 2 fev. 2022.

[50] PORTO, Gabriella. Neopentecostalismo. **InfoEscola**, [s. l.], [20--]. Disponível em: https://www.infoescola.com/religiao/neopentecostalismo/#. Acesso em: 2 fev. 2022.

mais simples, porém mais eficazes para atrair multidões e as adaptaram à doutrina pentecostal. Suas propostas são cada vez mais atrativas, com menos conteúdo bíblico.[51] São métodos radicais aplicados nos cultos e em palestras por líderes de diversos ministérios neopentecostais com linhas de pensamentos pragmáticos. Seus discursos inflamados com voz cadenciadas provocam emoção nas pessoas suscetíveis, levando algumas ao delírio, ao estado de êxtase e à histeria por meio do método da sugestionabilidade — isso não passa de artimanhas. O agir do Espírito em nós não vem mediante subterfúgio para provocar efeito. Ele habita no crente e sua função é produzir em nós bons frutos. "A manifestação do Espírito é concedida a cada um visando a um fim proveitoso" (1 Coríntios 12:7).[52] O discurso pragmático incita pessoas a desafiarem a fé, é um discurso realista, sem rodeios, tendo como lema: "Ou tudo ou nada!" e "Ou é, ou não é!". Uma série de inovações que tem como propósito a obtenção de resultados, sendo a cobiça uma das principais. A marca registrada das igrejas neopentecostais no Brasil tem sido a Teologia da Prosperidade, o desejo ardente por dinheiro, ou de possuir bens e riquezas. Pensamento pragmático como esse tem influenciado também lideranças de muitas Igrejas de linhas pentecostais. Para estes, não importa se é bíblico ou não, o que importa é se funciona segundo o seu propósito. A exegese, a ética, a interpretação teológica das escrituras são desprezadas.

Segundo Germano,

> O Pentecostalismo Pragmático está cada vez mais atraente e menos bíblico. A doutrina não importa, a ética muito menos, o que importa é o milagre, a cura, a prosperidade, a sensação boa, a emoção gostosa, o êxtase. O que importa são os resultados. O Pentecostalismo é um movimento do Espírito, fundamentado nas Escrituras, centrado em Cristo e para a glória de Deus Pai. O Pentecostalismo Pragmático é um movimento do homem, fundamentado nos resultados práticos, centrado na conveniência e para a glória da criatura.[53]

---

[51] TEOLOGIA CONTEMPORÂNEA. Neopentecostalismo: Misticismo, pragmatismo e culto a Mamom. **Blog Teologia Contemporânea**, [s. l.], 7 out. 2009. Disponível em: https://teologiacontemporanea.wordpress.com/2009/10/07/neopentecostalismo-misticismo-pragmatismo-e-culto-a-mamom/. Acesso em: 2 fev. 2022.

[52] MOURA, Jaime Francisco de. **Lavagem cerebral e hipnose nos cultos protestantes**. 1. ed. Brasília: Editora e Gráfica Opção, 2010.

[53] GERMANO, Altair. Pentecostalismo pragmático. **Blog O Cristão Pentecostal**, [s. l.], 22 maio 2018. Disponível em: https://ocristaopentecostal.wordpress.com/2018/05/22/o-pentecostalismo-pragmatico/. Acesso em: 2 fev. 2022.

5.4 A Igreja no século XXI

5.4.1 Heresia, o caminho para apostasia

Satanás, mais uma vez, tenta frustrar os planos de Deus para o homem. Agora, sua estratégia é atuar na Igreja, usando falsos líderes de conduta ardilosa para divulgar suas mentiras. "Homens cuja mente é pervertida e privados da verdade supondo que o amor é fonte de lucro" (1 Timóteo 6:5). Eles pregam o que gostariam de ouvir. Têm aparência de pastor de ovelhas, mas falam como um mercenário. Assim como usou a serpente para distorcer a palavra de Deus e colocar dúvidas na mente e coração de Eva (Gênesis 3:3-5), Satanás tem usado líderes de Igrejas para distorcer as escrituras e enganar pessoas. Seus discursos persuasivos têm um único objetivo: desviar a atenção daqueles que os ouvem, para que não conheçam a verdade, e confundir os que já ouviram a Palavra do reino, para que não a compreendam.[54] Então, "vem o maligno e arrebata o que lhes foi semeado no coração" (Mateus 13:19). São doutrinas de demônios que têm por finalidade conduzir o maior número de pessoas possíveis pelo caminho da apostasia por meio de seus métodos cheios de astúcias e práticas abomináveis a Deus. Espíritos enganadores têm infiltrado nas Igrejas usando de artifícios malignos para cativar seu coração, seus olhos e sua mente, até que desfaleça a fé no Deus vivo, e fortaleça sua crença nas doutrinas hereges que pregam. A dúvida implantada na mente e coração de muitos por dar ouvidos a espíritos enganadores, levá-los-á, no futuro, a se apostatarem da fé.[55] Suas palavras são como joio espalhados em meio ao trigo. Pedro nos adverte:

> [...] acautelai-vos; não suceda que, arrastados pelo erro desses insubordinados, descaiais da vossa própria firmeza, antes crescei na graça e no conhecimento de nosso Senhor e Salvador Jesus Cristo (2 Pedro 3:17-18).

A apostasia será acentuada durante governo do anticristo. O apóstolo Paulo disse "que nos últimos tempos alguns apostatarão da fé, por obedecerem a espíritos enganadores e a ensinos de demônios" (1 Timóteo 4:1).

Segundo Lopes,

---

[54] ALLAN, Denis. Líderes Religiosos em Conflitos com Deus. **Estudos Bíblicos**, [s. l.], [200-]. Disponível em: https://estudosdabiblia.net/jbd458.htm. Acesso em: 2 fev. 2022.

[55] REBOUÇAS, Gessivaldo Gomes. O perigo da apostasia na igreja. **TV Jaguari**, [s. l.], 2 jun. 2020. Disponível em: https://tvjaguari.com.br/o-perigo-da-apostasia-na-igreja-33628 Acesso em: 2 fev. 2022.

As falsas doutrinas são espalhadas por falsos mestres com o propósito de desviar as pessoas da verdade e afastá-las de Deus. As falsas doutrinas são populares, palatáveis, agradáveis aos ouvidos, pois enaltecem o orgulho humano e menosprezam a graça de Deus. Há muitos pregadores que distorcem a verdade e pregam um outro evangelho e assim, desviam as pessoas dos retos caminhos de Deus.[56]

5.4.2 Ventos de doutrina

Falsos ensinamentos induzem pessoas a crenças supersticiosas. Até mesmo crentes despreparados estão caindo nessa armadilha. Cada vez mais pessoas são aliciadas com promessas de pregadores da teologia moderna.[57] Objetos ungidos são oferecidos como se fossem amuletos da sorte. Os amuletos eram comuns nas culturas antigas dos tempos bíblicos, pelos pagãos. Acreditava-se que quem usasse estaria protegido e que serviam para dar boa sorte. Ganhar de presente, adquirir para si, por dinheiro ou não e levar para casa objetos ungidos com intuito de receber bênçãos de Deus é um desvio de conduta e fé.[58] Se você leva pra casa objetos como esses é porque os considera importante, aí que mora o perigo, ao tomar posse, ele passa a ter representação significativa para você. Precisamos entender que o objeto por si só não representa nada, mas sim o seu significado. O caminho para alcançar a vitória que a Palavra de Deus nos ensina é: "Mas buscai, primeiro o reino de Deus, e sua justiça, e todas as coisas lhes serão acrescentadas" (Mateus 6:33). Infelizmente, são poucos os cristãos que leem a Bíblia diligentemente, que oram constantemente e não se deixam levar por ventos de doutrinas.[59] Deus quer o aperfeiçoamento daqueles a quem instituiu para a obra do seu ministério para a edificação do corpo de Cristo, "até que todos cheguem à unidade da fé, ao conhecimento do Filho de Deus, a varão perfeito" (Efésios 4:11-13), e guardar a sã doutrina como única regra de fé e prática, para que não sejam enganados por homens fraudulentos.

---

[56] LOPES, Hernandes Dias. Falsos mestres e falsas doutrinas. **Guiame**, [s. l.], 1 ago. 2013. Disponível em: https://guiame.com.br/gospel/mundo-cristao/falsos-mestres-e-falsas-doutrinas.html. Acesso em: 2 fev. 2022.

[57] A LUZ DO EVANGELHO. A "Igreja" moderna e seu falso "evangelho". **A Luz do Evangelho**, [s. l.], 21 set. 2017. Disponível em: https://www.aluzdoevangelho.com/single-post/2017/09/21/A-IGREJA-MODERNA-E-SEU-FALSO-EVANGELHO. Acesso em: 2 fev. 2022.

[58] SANTANA, Milton. **Os amuletos e a fé cristã**. [S. l.], 5 mar. 2017. Disponível em: https://www.wattpad.com/381271071-os-amuletos-e-a-f%C3%A9-crist%C3%A3. Acesso em: 2 fev. 2022.

[59] AGUIAR, Rubens Silva. Ventos de doutrinas, ensinos errados e mente fechada. **Jacuípe Notícias**, [s. l.], [20--]. Disponível em: http://www.jacuipenoticias.com.br/Religiao/janeiro/ventos-doutrinas.htm. Acesso em: 2 fev. 2022.

Para que não sejamos mais meninos inconstantes, levados em roda por todo vento de doutrina, pelo engano dos homens que com astúcia engana fraudulosamente. (Efésios 4:14).

Quem não busca ajuda no Espírito Santo não pode discernir os falsos ensinamentos das sãs doutrinas. Os crentes de hoje podem ser facilmente manipulados porque não leem a Bíblia. Se leem, não meditam; se meditam, não oram, e ficam vulneráveis.[60] O apóstolo Paulo admoestou os irmãos romanos para observarem bem e ficarem atentos com aqueles que acrescentam ensinamentos estranhos à doutrina que lhes foi ensinada, e enfatiza: "afastai-vos deles porque estes tais não servem a Cristo e sim a si próprio. Com suas palavras suaves, visando obter favores, engana o coração dos incautos" (Romanos 16:17-18).

---

[60] NICODEMUS, Augustus. **O que estão fazendo com a Igreja?** São Paulo: Editora Mundo Cristão, 2008.

6

IGREJA, O CORPO DE CRISTO

6.1 Conceito de Igreja

O conceito de Igreja para muita gente ainda se define em um prédio com quatro paredes onde os crentes se reúnem. É comum ouvir a expressão: "Vou à Igreja", "Minha Igreja", "Nossa Igreja" "Sua Igreja" etc. referindo-se a uma construção física com quatro paredes feita por mão de homens. Usar essa definição não condiz com o que diz a Palavra de Deus. A Igreja somos nós. Cada um de nós, individualmente, em Cristo, foi constituído templo do Espírito Santo, parte do corpo de Cristo e todos nós, juntos, constituímos a Igreja que é o corpo de Cristo. "Ora, vós sois corpo de Cristo e, individualmente, membros desse corpo" (1 Coríntios 12:27). A Igreja é o corpo. Então, todos nós, crentes, nascidos de novo, lavados pelo sangue de Jesus e selados pelo Espírito Santo, juntos, formamos *um só corpo* que é a Igreja (Romanos 12:5).[61] No verso 20, de João 17, quando orava pelos seus discípulos, o Senhor Jesus intercedeu não somente pelos discípulos e apóstolos naquele momento, mas por todos aqueles que haveriam de crer Nele pela Palavra de Deus, referindo-se aos crentes de hoje. No verso 21, ele enfatiza: "A fim de que todos sejam um, como tu és em mim e eu em ti, também sejam eles em nós". E para quê? Ele ressalta: "para que o mundo creia que tu me enviaste".[62]

Veja quanta responsabilidade do crente diante do mundo! A Igreja foi estabelecida na Terra para testemunho do Senhor para que, pela Palavra de Deus, o mundo venha a crer que Jesus é o "Cristo, o Filho do Deus vivo", que veio para salvar o homem do pecado e da morte. Quando nós, cristãos, que somos o corpo de Cristo, fazemos isso? Quando andamos em comunhão com Cristo, "amando uns aos outros como Jesus nos amou [...] assim o mundo vai conhecer que somos discípulos de Cristo" (João 13:34-35). Esse é o conceito que o mundo deve ter da Igreja de Cristo.[63]

---

[61] GOT QUESTIONS. O que é a igreja? **Got Questions**, [s. l.], [20--]b. Disponível em: https://www.gotquestions.org/Portugues/definicao-igreja.html. Acesso em: 17 de junho 2020.

[62] MARION, José Carlos. **Um só corpo, um só espírito, um só senhor:** a unidade dos cristãos é essencial antes da volta de Cristo! São Paulo: Publicadora Impacto, 2016.

[63] VALADÃO, Márcio. Igreja: corpo de Cristo. **O Tempo**, [s. l.], 14 jan. 2014. Disponível em: https://www.otempo.com.br/opiniao/pastor-marcio-valadao/a-igreja-corpo-de-cristo-1.772853#. Acesso em: 2 fev. 2022.

6.2 Amor fraternal e mútuo

O conceito de Igreja não está bem definido na cabeça de muitos cristãos de hoje. Parece que sua essência se perdeu ao longo da história. A Bíblia diz, em Atos 2:42-47, que os cristãos do tempo dos apóstolos *eram unidos e tinham tudo em comum; demonstravam amor, uns para com os outros.* Os que iam se convertendo "perseveravam na doutrina dos apóstolos, na comunhão, no partir do pão e nas orações" (Vs 42). Os que tinham bens os vendiam para socorrer os mais necessitados (Vs 45). Perseveraram unânimes todos os dias no templo, partiam o pão de casa em casa, compartilhavam tudo com alegria e singeleza de coração (Vs 46). O versículo 47 complementa que louvavam a Deus, e o povo não crente via isso com simpatia e muitos se convertiam, e acrescentava-lhes o Senhor todos os dias os que iam sendo salvos. "Louvando a Deus e contando com a simpatia do povo. Enquanto isso, acrescentava-lhes o Senhor, dia a dia, os que iam sendo salvos" (Atos 2:47). O mundo precisa ver em nós, hoje, o que o povo daquele tempo via nos discípulos de Cristo a ponto de desejar ser como eles eram, ter o que eles tinham, dar e receber amor como eles davam e recebiam. Atos 4:32 diz que "da multidão dos que creram era um o coração e a alma". O final do verso diz que tudo que possuíam era compartilhado entre eles. "Ninguém considerava exclusivamente sua nenhuma das coisas que possuía; tudo lhes era comum". O que possuía pouco dividia com o que nada tinha. Quem nada possuía e não tinha como ajudar outro necessitado que surgia entre eles jejuava e orava para que aquele recebesse o necessário para seu sustento. O amor era mútuo.[64]

Aristides de Atenas, autor de *Sobre a Vida dos Primeiros Cristãos*, escreveu ao imperador Adriano: "Quando um pobre não possuía abundância de recursos para ajudar outro necessitado que surgia entre eles, este jejuava e orava por três dias para obter o necessário para o seu sustento".

O verso 33 de Atos 4, diz que "em todos eles havia abundância de graça". O povo, homens e mulheres, judeus e gentios, pobres e ricos, até poderosos aristocratas, sucumbira diante da Palavra de Deus, por causa do amor que emanava do coração dos que criam. E ainda no verso 34 está escrito:

> [...] nenhum necessitado havia entre eles, porquanto os que possuíam terras ou casas, vendendo-as, traziam os valores correspondentes e entregavam aos apóstolos, líderes da Igreja, para ser distribuído a qualquer um que tivesse necessidade.

---

[64] FELGUEIRAS, Geovane Alvares. **Experiencia da unidade na igreja primitiva**. [*S. l.*], 3 nov. 2018. Disponível em: https://slideplayer.com.br/slide/14289766/. Acesso em: 2 fev. 2022.

Muitos pregadores e líderes de diferentes denominações e ministérios, nos dias de hoje, têm extraído do texto de Atos 4:34-37 interpretações errôneas sem levar em conta o contexto e assim ensinar a Igreja. Não encontramos em lugar algum na Bíblia os apóstolos ensinando ou pedindo aos que possuíam propriedades e bens que os vendessem e cada um entregasse o valor da venda. "Os que possuíam bens, vendendo-os traziam os valores correspondentes", de livre e espontânea vontade, movidos pelo amor e coração quebrantado.[65] Aquele gesto foi uma demonstração de amor incondicional característico daquele que vive e anda no Espírito (Gálatas 5:5). O dinheiro não ficava com os apóstolos nem guardado no cofre da Igreja, mas era repartido entre os necessitados.

Você pode vender seus bens, e o valor da venda distribuir entre irmãos ou não irmãos que estejam necessitados se for necessário, ou entregar ao responsável pelo setor de obras sociais da sua Igreja, se assim desejar o seu coração, mas só fará isso por amor.

6.3 Características da Igreja

A Igreja se caracteriza pelo fruto do espírito ("Mas o fruto do espírito é: amor, alegria, paz, longanimidade, benignidade, bondade, fidelidade, mansidão, domínio próprio. Contra estas coisas não há lei" — Gálatas 5:22-23), pela comunhão com Cristo, e entre irmãos (corpo) que praticam a mesma fé, que guardam a sã doutrina sem distinção de denominações ou ministérios. Os irmãos do primeiro século entenderam o significado do corpo que caracteriza a Igreja. Os ricos se compadeciam dos mais pobres, um sofria com o sofrimento do outro. Havia compaixão entre eles. Entenderam que a Igreja é um organismo que tem vida, um só corpo formado por muitos membros.[66] O apóstolo Pedro disse que somos "a casa espiritual edificada por Cristo". O prédio ou o salão são apenas locais de assembleias, em que a Igreja se reúne, sem distinção de denominações, de cor, raça ou de *status* sociais. O apóstolo Pedro disse que a Igreja não é uma construção feita de tijolos e cimento, mas constituída de "pedras vivas". Sobre a Igreja, Pedro disse:

---

[65] KIOULACHOGLOU, Anastasios. Doação no Novo Testamento — Atos 2 e 4. **The Journal of Biblical Accuracy,** [*s. l.*], [20--]. Disponível em: https://www.jba.gr/Portuguese/Doa%C3%A7%C3%A3o-no-Novo--Testamento-Atos-2-e-4.htm. Acesso em: 2 fev. 2022.

[66] ASSEMBLEIA DE DEUS. O poder Irresistível da Comunhão na Igreja. **AD Industrial,** [*s. l.*], jan. 2011. Disponível em: https://www.adindustrial.com.br/2011/01/ebd-licao-4-o-poder-irresistivel-da-comunhao--na-igreja/. Acesso em: 2 fev. 2022.

> *Também vós mesmos, como pedras que vivem, sois edificados casa espiritual para serdes sacerdote santo, a fim de oferecer-des sacrifícios espirituais agradáveis a Deus por intermédio de Jesus Cristo.* (1 Pedro 2:5)

A Igreja é formada por santos. Ser santo, no grego, refere-se ao que é "separado". Separado do mundo e do pecado. Ser santo é viver separado dos costumes do mundo, é estar no mundo sem ser do mundo. É viver segundo a vontade de Deus. É ter domínio próprio da língua e do coração, deixando o Espírito Santo conduzi-lo em suas decisões. É não deixar que palavras frívolas ou torpes saiam da sua boca, mas somente palavras que edificam. É andar diante de Deus e dos homens com conduta ilibada. Ser santo é amar a Deus sobre todas as coisas.[67] É não tomar seu santo nome em vão. É viver uma vida consagrada por meio da comunhão com Deus, da oração e da leitura da Bíblia. Esse era o sentimento praticado que dominava o coração da Igreja do primeiro século, levando-a a crescer a cada dia. O santo "não anda no conselho dos ímpios, não se detém no caminho dos pecadores, nem se assenta na roda dos escarnecedores. Antes seu prazer está na lei do Senhor e nela medita de dia e de noite" (Salmos 1:1-2). Ser santo é poder dizer como Paulo: "Já não sou eu quem vive, mas Cristo vive em mim" (Gálatas 2:20).

6.4 Corpo, o santuário de Deus

Ainda existem pessoas que acreditam que Deus habita em templos feitos de tijolos e areia. Muitos argumentam que não encontram na Bíblia em que parte se diz que Deus não está em Igreja construída por mãos de homens, apesar de conhecer os textos que falam do assunto: Atos 17:24, 1 Coríntios 3:16. Deus pode estar lá, quando a Igreja estiver reunida para adoração, mas não habita naquele local. Templos construídos de cimento e tijolos são locais para reunião da Igreja de Cristo para cultuar a Deus, e não para habitação de Deus. A Bíblia diz que o nosso corpo é o "santuário de Deus e que o Espírito Santo de Deus habita em nós".[68] "Não sabeis que sois santuário de Deus, e que o Espírito de Deus habita em vós?" (1 Coríntios 3:16)

---

[67] RESPOSTAS BÍBLICAS. O que é ser santo? **Respostas Bíblicas**, [*s. l.*], [20--]b. Disponível em: https://www.respostas.com.br/o-que-e-ser-santo/. Acesso em: 2 fev. 2022.

[68] ONEGERO, Daniel. Somos o Templo do Espírito Santo: O Que Isso Significa? **Estilo Adoração**, [*s. l.*], [201-]. Disponível em: https://estiloadoracao.com/templo-do-espirito-santo/. Acesso em: 2 fev. 2022.

A Igreja somos nós. Infelizmente, muita gente ainda não se deu conta disso. Basta meditar em 1 Coríntios 3:16 para perceber quão grande privilégio recebido de Deus por ter sido chamado para fazer parte da Igreja de Cristo e por ter transformado nosso corpo em *habitação do Espírito de Deus* pela sua graça, por meio da nossa fé em Cristo. O nosso testemunho é medido pela nossa conduta diante do mundo. No primeiro século, almas se convertiam pela pregação do evangelho, pela conduta que demonstrava o caráter e pela forma de os cristãos viverem a vida.

"Vós, porém, sois raça eleita, sacerdócio real, nação santa, povo de propriedade exclusiva de Deus, a fim de proclamardes as virtudes daquele que vos chamou das trevas para a sua maravilhosa luz." (1 Pedro 2:9).

Segundo o site *Simplesmente Cristão,*

> Apesar de a igreja seguir e obedecer ao Novo Testamento como autoridade e regra de fé e prática (doutrina), ela não deve ignorar o Velho Testamento, pois nele se encontra toda a história do povo de Deus, a criação e como Ele conduziu seu povo; as profecias sobre o Messias; Salmos; Provérbios; etc., donde podem ser tiradas inúmeras lições e aplicações para a vida cristã.[69]

---

[69] MARCIO, Elcio. As características da Igreja. **Simplesmente Cristão**, [*s. l.*], 17 out. 2012. Disponível em: https://simplesmentecristao.com/2012/10/17/caracteristicas-basicas-da-igreja/. Acesso em: 2 fev. 2022.

7

CRISTO, CABEÇA DA IGREJA

7.1 Membros do corpo

A relação cabeça-corpo é apenas uma metáfora para representar Cristo e a Igreja. A Igreja foi e é constituída por membros da família de Deus, pessoas convertidas, remidas e nascidas de novo, formando um só corpo. Então somos membros de um corpo (Igreja), cuja cabeça é Cristo.[70] Fariseus se consideravam mestres e cabeça dos judeus, mas "Jesus os repreendeu dizendo que eles não eram mestres e nem guias, porque um só era o Mestre e guia deles, o Cristo" (Mateus 23:8,10). Cristo é o cabeça da Igreja. Em nosso corpo físico, o comando (ordens) para os membros vem do cérebro (cabeça). A mão esquerda não pode dizer que não precisa da mão direita, e vice-versa. Nem as pernas dos braços e vice-versa, mas todos dependem do cérebro (cabeça). Nosso corpo está ligado à cabeça. Semelhantemente, ocorre com o corpo (Igreja), ligado à cabeça (Cristo). Paulo diz que "embora muitos, somos um só corpo em Cristo e membros uns dos outros" (Romanos 12:5).

7.2 Deus não deu Igreja para pastores, mas pastores para sua Igreja

O corpo está sujeito ao cérebro (cabeça). A Igreja (corpo de Cristo) está sujeita a Cristo (Cabeça). Portanto o cabeça é o que lidera, governa e reina. Li uma frase de autor não identificado, que diz: "Deus não deu Igreja para pastores, e sim pastores para sua Igreja".[71]

Causa-nos tristeza ver que esses valores com relação à Igreja estão se invertendo. Jesus censurou e acusou os fariseus de ensinarem ao povo preceitos que não são de Deus. Por acaso, não fazem alguns líderes o

---

[70] FERREIRA, Sidnei Osvaldo. O cabeça da igreja. **O Verbo News**, [s. l.], 10 set. 2012. Disponível em: https://overbo.news/o-cabeca-da-igreja/. Acesso em: 2 fev. 2022.

[71] LOPES, Hernandes Dias. É Deus quem dá pastores à Sua Igreja. **Guiame**, [s. l.], 31 maio 2014. Disponível em: https://guiame.com.br/gospel/mundo-cristao/deus-quem-da-pastores-a-sua-igreja.html. Acesso em: 2 fev. 2022.

mesmo com a Igreja nos dias de hoje? Não são todos, mas há homens constituídos por Deus e capacitado pelo Espírito Santo para liderar sua Igreja, adotando práticas semelhantes. Talvez pior! A Igreja parece ter perdido sua identidade. Não tem mais as características nem da Igreja primitiva, nem da Igreja da pós-reforma. Líderes que agem como se fossem eles o cabeça e donos da Igreja. Deus os preparou, deu-lhes instrumentos e os capacitou para o ministério para servir, não para ser servido, mas distorcem a verdade. Querem ir à frente dos seus discípulos e colocam Jesus atrás. Levam seus discípulos a segui-los, em vez de seguirem a Cristo. Querem fazer discípulos para si mesmos em vez de fazer para Cristo.

Paulo estava em "Mileto e mandou alguém a Éfeso chamar os presbíteros da Igreja" (Atos 20:17) e os convocou para uma reunião. Fez um breve relato do seu trabalho na obra de Deus e como se comportou diante deles desde o início, deixando um exemplo a ser seguido. Serviu com humildade e jamais deixou de ensinar coisas proveitosas; alertou os presbíteros da Igreja de Éfeso para que ficassem "atentos, quanto a eles mesmos e quanto a todo o rebanho". Previu sua morte, o fim da sua carreira e os advertiu quanto aos lobos vorazes que se levantariam dentre eles mesmos:

> Atendei por vós e por todo o rebanho, sobre o qual o Espírito Santo vos constituiu bispos para pastoreardes a Igreja de Deus, a qual ele comprou com seu próprio sangue. Eu sei que depois da minha partida, entre vós penetrarão lobos vorazes, que não pouparão o rebanho. E que entre vós mesmos, se levantarão homens falando coisas pervertidas para arrastar os discípulos atrás deles. (Atos 20:28-30).[72]

Paulo em 1 Coríntios 3:10-16, disse que

> [...] pela graça de Deus lançou o fundamento como prudente construtor para outro edificar sobre ele, porém cada um veja como edifica. Porque ninguém pode lançar outro fundamento, além do que já foi posto, o qual é Jesus Cristo.

Advertiu ainda que naquele Dia (Dia do Julgamento de Cristo) será manifesta a obra de cada um. "Se o que edifica no fundamento é ouro, prata, pedras preciosas, madeira, feno ou palha será revelada e provada

---

[72] BALLARD, Russell. Acautelai-vos dos Falsos Profetas, e Falsos Mestres. **Church of Jesus Christ**, 1999. Disponível em: https://www.churchofjesuschrist.org/study/general-conference/1999/10/beware-of-false-prophets-and-false-teachers?lang=por. Acesso em: 22 abr. 2022.

pelo fogo, qual seja a obra de cada um." (Vs.13). Paulo está dizendo, aos que ensinam e pregam, que seus ensinamentos devem estar fundamentados na doutrina que os Apóstolos receberam de Jesus. O ouro, a prata e as pedras preciosas representam o evangelho bíblico, puro, verdadeiro e duradouro. A madeira, o feno e a palha, representam ensinamentos criados por homens, falsos e frágeis. Paulo afirma que a obra de cada um será conhecida ao passará pelo teste do fogo.[73] O fogo prova a qualidade do ouro, mas consome a madeira, o feno e a palha. Admoesta aos que pregam e ensinam: "[...] sejam meus imitadores" (l Coríntios 4:16).

7.3 O papel do pastor é apascentar as ovelhas de Cristo

O Senhor Jesus ordenou ao líder Pedro que apascentasse suas ovelhas. "[...] Tu me amas? [...] ele respondeu: [...] tu sabes que te amo! Jesus lhe disse: apascenta minhas ovelhas" (João 21:17). O papel do pastor é apascentar e amar as ovelhas da igreja e cumprir a missão que lhe foi designada pelo Espírito Santo. Apascentar significa indicar o caminho, pastorear, amar, levar as ovelhas às pastagens, ou seja, dar alimento espiritual, mas não é isso que está acontecendo em diversas Igrejas nos dias de hoje. Cada pastor criou seu próprio dogma. Manipulam suas ovelhas e as conduzem para onde querem, depois arrancam para si toda a sua lã até a raiz, para lhes servirdes de agasalho em dias frios. São indiferentes se essas ovelhas vão caminhar ao léu, sob as intempéries do tempo, se passarão frio, ou serão queimadas pelo calor do sol. Gabam-se de pastorear igreja com centenas ou milhares de ovelhas, mas nunca visitou uma delas. Suas pregações são direcionadas não para alcançar as almas perdidas para Jesus, mas para alcançar suas metas e atingir objetivos de interesses próprios. Substituem o Espírito Santo por técnicas hipnóticas e programação neurolinguística (PNL). Ignoram o evangelho e a mensagem da salvação. Jesus os chamou para apascentar suas ovelhas, mas se perverteram em seus corações. Distorcem as escrituras e as interpretam como lhes convém. Desprezaram o fundamento lançado pelo Apóstolo Paulo e estabeleceram seus próprios fundamentos e edificaram neles obras de palha e feno. Estes são os que não entram pela porta do aprisco, mas sobem e entram por outra parte. Jesus disse que o tal que assim procede, *"esse é ladrão e salteador"* (João 10:1). Assim como Pedro, também receberam

---

[73] SCHULTZE, Mary. O Tribunal de Cristo. **Sola Scriptura TT,** [*s. l.*], set. 2004. Disponível em: http://solascriptura-tt.org/EscatologiaEDispensacoes/TribunalDeCristo-MSchultze.htm. Acesso em: 2 fev. 2022.

do Senhor as chaves (o evangelho do reino) que abrem a porta do reino dos céus, porém não as usam em favor daqueles que querem entrar, mas as ignoram e ensinam suas próprias doutrinas, conforme suas próprias interpretações das Escrituras.[74]

7.4 Mercenário e falso profeta

> Acautelai-vos dos falsos profetas, que vos apresentam disfarçados em ovelhas, mas por dentro são lobos roubadores. Pelos seus frutos os conheceis. Colhem-se, por ventura, uvas dos espinheiros, ou figos dos abrolhos? Assim toda árvore boa produz bons frutos, porém a árvore má produz frutos maus. (Mateus 7:15-17).

Jesus disse que "pelos seus frutos os conheceremos" (Mateus 7:20). Seus ensinamentos revelam se o que ele diz vem de Deus ou não. O líder verdadeiro é aquele que entra pela porta da frente porque tem autoridade, ou seja, obedece às escrituras seguindo as orientações bíblicas. Seus ensinamentos abrem a porta para as ovelhas, e apontam para Jesus o bom Pastor. Elas o ouvirão e reconhecerão a voz do seu Pastor (Jesus). "Para esse o porteiro abre, as ovelhas ouvem a sua voz [...] Ele chama pelo nome as suas próprias ovelhas e as conduz para fora" (João 10:3). Jesus conhece cada uma de suas ovelhas. Ele chama as que lhe pertencem e vai adiante delas, e elas o seguem e obedecem, porque reconhecem sua voz, porém de modo algum dará ouvido à voz do falso profeta. "De modo nenhum seguirão o estranho, antes, fugirão dele, porque não conhecem a voz de estranhos" (João 10:4-5). Jesus é a porta das ovelhas (João 10:7). Ele é a porta, não uma porta! Ele é a única porta! Jesus disse: "Eu sou a porta. Se alguém entrar por mim, será salvo, entrará e sairá e achará pastagem" (João 10:9). É também o bom Pastor das ovelhas (João 10:11). Só a Ele devemos obedecer. Só o que nos ensinou devemos seguir. E só na sua Palavra depositamos nossa fé e esperança. Ele disse: "O ladrão vem somente para roubar, matar e destruir, eu vim para que tenham vida, e a tenham em abundância" (João 10:10). O que entra pela porta dos fundos, às escondidas, ou seja, aquele que distorce a Palavra de Deus e

---

[74] FIGUEIRAS, Gabriel. Características do pastor mercenário na igreja atual (João 10:12). **Bíblia Se Ensina**, [*s. l.*], 19 out. 2018. Disponível em: https://bibliaseensina.com.br/diferenca-pastor-mercenario-e-verdadeiro/. Acesso em: 2 fev. 2022.

assim ensina ao povo, não tem autoridade e está cheio de más intenções. O Senhor Jesus o chamou de mercenário.[75]

Mercenário é aquele que age apenas por interesse financeiro, por dinheiro ou algo que representa vantagens. Ele não cuida das ovelhas nos momentos mais difíceis delas. Quando estas estiverem em apuros, caídas, enfermas, ou por não produzirem mais lãs, são abandonadas. No momento em que elas mais precisam, ele as ignora e foge. Desorientadas, sem alimento (Palavra de Deus) ficam enfraquecidas, frágeis, e se tornam alvo fácil para o lobo (o diabo), mas a ovelha que ouve a voz do pastor estará sempre em segurança. Jesus disse:

> Eu sou o bom pastor. O bom pastor dá a vida pelas suas ovelhas. O mercenário que não é pastor, a quem não pertencem as ovelhas, vê vir o lobo, abandona as ovelhas e foge. Então, o lobo as arrebata e dispersa (João 10:11-12).[76]

---

[75] SANTOS, Bruno. Quem veio para roubar, matar e destruir? **Guiame**, [*s. l.*], 24 mar. 2014. Disponível em: https://guiame.com.br/colunistas/bruno-dos-santos/quem-veio-para-roubar-matar-e-destruir.html. Acesso em: 2 fev. 2022.

[76] VIEIRA, Eloir. Como identificar os Falsos Profetas? **A Gazeta News**, [*s. l.*], 8 maio 2020. Disponível em: https://agazetanews.com.br/noticia/opiniao/152166/como-identificar-os-falsos-profetas-por-eloir-vieira. Acesso em: 2 fev. 2022.

8

PRÁTICAS ESTRANHAS

8.1 Usar objetos ungidos no processo de cura é bíblico?

Em dezembro de 2018, o líder de uma Igreja, em seu programa na televisão de alcance nacional, oferecia chaves ungidas a quem quisesse "entrar no ano de 2019 sendo abençoado por Deus". Em troca deveria desembolsar uma certa quantia. Isso é público e notório!

Segundo Ribeiro,

> Para entrar em 2019 sendo "abençoado por Deus", o fiel deve desembolsar 300,00, adquirindo uma chave simbólica azul. De início, [...] disse que colocaria 50 mil unidades à venda, mas minutos depois resolveu aumentar para 100 mil. O que pode gerar um acúmulo de R$ 30 milhões de reais, caso todas sejam vendidas.[77]

Ungir objetos com óleo tornou-se um ritual em muitas Igrejas, hoje. Embora não encontremos base bíblica no Novo Testamento para tal ato, também não encontramos proibição. Ainda que se diga que é simbólico, isso poderá induzir a pessoa a um desvio de conduta quanto à fé, sugerindo que o poder está no objeto e não no nome de Jesus Cristo. Há ocorrências de fatos dessa natureza na Bíblia, mas trata-se de casos específicos, não é regra. Lucas, em Atos 19:11-12, narra que "as pessoas levavam aos enfermos peças de roupas de uso pessoal de Paulo, e pelas quais eram curadas e os espíritos malignos saíam". O texto não diz que Paulo distribuía gratuitamente esses pertences ou exigia em troca algum valor em dinheiro, diz que as pessoas é que faziam isso. Também não sabemos se faziam isso com o consentimento de Paulo, provavelmente que não, mas uma coisa está clara: isso não significa que se trata de doutrina que os cristãos deveriam seguir. Foram situações únicas e não regras. Em

---

[77] RIBEIRO, Tadeu. Apóstolo Valdemiro Santiago vende chave ungida por 300 reais para 2019. **Portal do Trono**, [s. l.], 27 nov. 2018. Disponível em: https://www.portaldotrono.com/apostolo-valdemiro-santiago-
-chave-ungida/#. Acesso em: 2 fev. 2022.

outros textos, encontramos ocorrências da mesma natureza. Enfermos eram colocados em macas e levados às ruas "para que, ao passar Pedro, ao menos sua sombra projetasse nalguns deles" (Atos 5:15). Jesus caminhava cercado por uma multidão quando "Uma mulher que durante 12 anos vinha sofrendo de uma hemorragia, veio por trás dele e lhe tocou na orla da sua veste [...] e ficou sã." (Mateus 9:19-22).

Segundo Nogueira,

> Embora Deus tenha curado inúmeras pessoas através dos lenços e aventais de Paulo, conforme é mencionado no capítulo 19 de Atos, em todo o Novo Testamento não encontramos nenhuma permissão ou ordem nas Escrituras ensinando ou orientando a prática de distribuição de objetos ungidos. Ademais, vale a pena ressaltar que do ponto de vista hermenêutico não devemos elaborar ou instituir doutrinas em textos isolados, o que é o caso de Atos 19.[78]

A fé que cura tem de nascer no coração de ambos, do enfermo e do agente que vai orar: pastor, bispo ou um irmão (exceto quando o enfermo não estiver em condições de se manifestar), seja por contato (imposição de mãos), seja a distância (em caso da impossibilidade do contato físico). A unção de pessoas é bíblica e simboliza o Espírito Santo. Sua família, seus filhos e esposa podem ser ungidos quando feito por você mesmo sendo você o pai da família e sacerdote do lar. Ou pelo seu pastor, por exercer autoridade espiritual sobre a Igreja, recebida do cabeça que é Cristo. Não há nada de errado ungir com óleo ou azeite seu carro, as umbreiras das portas de entradas e janelas de sua casa, quando for feito por você mesmo ou por alguém que tenha autoridade espiritual sobre você e sua família, mas nunca adquirir por dinheiro ou receber de presente "objetos ungidos" e usá-los como um amuleto. Isso não está escrito na Bíblia.

8.2 O perigo dos objetos ungidos

Levar objetos "ungidos" para casa com objetivo de usá-lo como um amuleto de cura não é bíblico, e incorre-se em perigo de idolatria. Isso é dar lugar ao diabo. Paulo disse para não "darmos lugar ao diabo" (Efésios 4:27). O diabo não terá lugar na mente do servo de Deus se ele

---

[78] NOGUEIRA, Saulo. O apóstolo Paulo vendia lenços consagrados para curar os enfermos? **Logos Apologética**, [s. l.], 4 abr. 2016. Disponível em: http://logosapologeticahoje.blogspot.com/2016/04/o-apostolo--paulo-vendia-lencos.html. Acesso em: 2 fev. 2022.

orar sem cessar e buscar conhecimento nas Escrituras. Quando oramos pedindo, o Espírito Santo nos dá discernimento para separar o que é certo do errado. O apóstolo Paulo diz, em 2 Coríntios 4:1-4, "que o ministro deve cumprir com fidelidade seu ministério sem fraquejar, sem agir de modo vergonhoso usando de astúcia, adulterando a palavra de Deus, como ele o fez, de maneira transparente e sincera." E não pretendia mudar. Paulo diz ainda que o diabo cega o entendimento dos que não creem, e alerta que o ministro tem de estar consciente que o evangelho manifesta a verdade de Deus. A mensagem enganosa ou encoberta leva perdição aos que a ouvem.

> Mas se o nosso evangelho ainda está encoberto, é para os que se perdem que está encoberto, nos quais o deus deste século cegou o entendimento dos incrédulos, para que lhes não resplandeça a luz do evangelho da glória de Cristo, o qual é a imagem de Deus. (2 Coríntios 4:3-4)

Líderes de Igrejas incentivam o povo a levar para suas casas objetos sem que elas passem por uma mudança de vida, exigindo apenas o pagamento do valor pré-estabelecido por objetos como: tijolinhos, chaves, lenços com seu suor, rosa, cajado, martelo, feijões, meias ungidos e outros, como o passar pelo altar do sacrifício, fogueira santa etc. para, por meio deles, alcançarem bênçãos. Segundo eles, isso funciona psicologicamente como um reforço mental em direção à fé, mas, na verdade, são ferramentas de Satanás para enganar até mesmo o povo de Deus. É uma estratégia do inimigo, pois Satanás tem infiltrado nas igrejas de forma sutil para enganar líderes, e usá-los para desviar da verdade de Deus, a atenção das pessoas. Assim como elementos ungidos, objetos por si só não trazem mal algum. O perigo está na alienação da fé, a esses objetos, e ainda em constituir um risco de levar os não convertidos a práticas de rituais idólatras sem que eles percebam. Até mesmo o povo de Deus pode ser enganado.[79]

> Em primeiro lugar, as pessoas estão sendo condicionadas a buscarem a suposta solução de seus problemas através destes "objetos ungidos", que não exigem nenhuma forma de mudança de vida: quando alguém está com algum problema ou quando precisa de uma bênção especial, basta comprar um "objeto ungido" e pronto... As coisas se resolve-

---

[79] SILVA, Martim Alves da. Alerta! Cuidado com coisas "ungidas". **AD Mossoró**, [s. l.], [201-]. Disponível em: https://www.admossoro.com.br/reflexoes/alerta-cuidado-com-coisas-ungidas/. Acesso em: 2 fev. 2022.

rão como por um passe de mágica, não exigindo mudança de vida alguma. Com isso, as pessoas não experimentam o verdadeiro arrependimento, não se convertem e não terão um encontro pessoal com Jesus como Senhor e Salvador. A Bíblia diz que o Senhor habita em corações contritos e, sem arrependimento não há conversão, e, sem conversão não há salvação. Irmãos, isto é algo muito sério, pois, se uma igreja não estiver preocupada com a salvação de vidas, então esta igreja não pode ser chamada de igreja.[80]

8.3 Só o Senhor supre todas as nossas necessidades

Nossa fé e esperança devem estar firmadas, não em "objetos ungidos" comprados das mãos de homens, com promessas de soluções rápidas, mas nas promessas do Senhor Jesus. Ele é o único mediador entre Deus e o homem. O apóstolo Paulo aconselhou seus companheiros: "Não andeis ansiosos por coisa alguma; em tudo, porém, sejam conhecidas diante de Deus, as vossas petições, pela oração e súplica, com ações de graça" (Filipenses 4:6).

Muitos acreditam que a bênção está no objeto ungido, que, ao adquiri-lo, seus problemas serão resolvidos, mas isso não está escrito na Bíblia. O que ela nos ensina é que a bênção de Deus está à disposição de todo aquele que crê, não no poder de objetos ungidos, mas no poder do nome do Senhor Jesus.[81] Ele mesmo nos disse: "Por isso vos digo que tudo o que pedirdes orando credes que o recebereis e tê-lo-eis" (Marcos 11:24). "Tudo que pedirdes em meu nome isso farei" (João 14:13). Não precisamos de chaves ungidas, nem toalhinhas ungidas ou de tijolinhos ungidos como intermediários da nossa fé. Jesus é suficiente, nossa fé deve estar firmada somente Nele. "Ele é que supre todas as nossas necessidades" (Filipenses 4:19). "Tudo é possível ao que crê." (Marcos 9:23)

Muita gente tem problemas mal resolvidos em sua vida pessoal, ou na família, no casamento, ou de enfermidades e necessitam de ajuda. Não está errado convidar essas pessoas para irem ao templo ouvir o evangelho, e lhes dizer que a solução está em Cristo, desde que haja arrependimento e conversão. Em seguida, fazer com elas a oração da libertação. Porém

---

[80] GOSPEL 10. O perigo dos "objetos ungidos". **Gospel 10**, [*s. l.*], 12 fev. 2012. Disponível em: https://www.gospel10.com/artigos/o-perigo-dos-objetos-ungidos/. Acesso em: 2 fev. 2022.

[81] OSBORN, Tommy Lee. **A cura de Cristo** — como recebê-la. 2. ed. Rio de janeiro: Graça Editora, 1999. p. 49-51.

o problema que aflige a quase todos é o problema financeiro. Milhares e milhares de pessoas são atraídos por discursos direcionados de líderes chamados neopentecostais com promessas de prosperidade financeira. Esse tem sido o principal público-alvo deles.[82]

Muitos que são empresários, ou que possuem bens, passam por problemas financeiros graves e entram em desespero por ver seus negócios indo de mal a pior. Contraem dívidas, mas não conseguem pagar. Desesperados, agarram-se a tudo e a qualquer coisa que lhes parece ser a solução. São os alvos de líderes inescrupulosos. Cabe a eles hoje as mesmas palavras de Jesus aos fariseus: "Este povo honra-me com os lábios, mas o seu coração está longe de mim. Em vão me adoram, ensinando doutrinas que são preceitos de homens" (Mateus 15:8-9). Aproveitam da fragilidade e do desespero dessas pessoas, não para levá-las a Cristo ou dizer: "Mas buscai, pois, primeiro o reino de Deus e a sua justiça, e todas as coisas vos serão acrescentadas" (Mateus 6:33), mas para dizer: "Vai e vende tudo que você possui, ou o que ainda lhe resta: casa, carro, sítio, fazenda, tudo, traga o valor e deixa no altar". "Faça o sacrifício que Ele vai abençoá-lo". Se não deu certo a primeira vez, vão dizer: "Você não teve fé!" ou: "Sua fé foi fraca!" "Sacrificar" é o lema deles. No entanto, as condições para sermos alcançados pelas bênçãos de Deus é a mesma dita por Moisés aos israelitas, descrita em Deuteronômio 28:1-14.

8.4 O Senhor não exige sacrifício de seus filhos

As bênçãos do Senhor para seus filhos estão condicionadas à obediência e não ao sacrifício. Não precisamos mais fazer sacrifícios para recebê-las, o Senhor Jesus já o fez por nós na cruz do calvário. Deus não nos manda vender tudo o que temos e entregar para nossos líderes como um ato de sacrifício. Não encontramos em nenhum lugar na Bíblia os apóstolos pedindo aos irmãos para venderem seus bens e entregarem para eles. O que ocorre é que alguns líderes neopentecostais, hoje em dia, distorcem ou interpretam equivocadamente um texto bíblico sobre o assunto e assim ensinam o povo. Como, por exemplo, o que encontramos em Lucas 6:38, "Dai, e dar-se-vos-á; boa medida, recalcada, sacudida, transbordante, generosamente vos darão". Basta ler o contexto, para enten-

---

[82] JÚNIOR, Antônio. Deus suprirá as suas necessidades. **Pastor Antônio Júnior**, [s. l.], [20--]. Disponível em: https://www.pastorantoniojunior.com.br/videos-evangelicos/deus-suprira-as-suas-necessidades. Acesso em: 2 fev. 2022.

der o texto. Aqui o texto se refere ao amor, solidariedade, misericórdia e benignidade e não de bênção financeira. O Senhor está nos dizendo como deve ser a conduta daquele que se diz amar a Deus, e nos alerta: "Porque com a medida com que tiverdes medido, vos medirão também", pois tudo o que fizermos ao próximo, na mesma medida receberemos, seja o bem ou o mal. É disso que o texto está falando!

Em Atos dos apóstolos, no capítulo 4, encontramos outra referência semelhante: um discípulo de sobrenome Barnabé, vendeu uma terra, trouxe o valor da venda e entregou aos apóstolos. "[...] como tivesse um campo, vendendo-o trouxe o preço e o depositou aos pés dos apóstolos", (Atos 4:34-35). Observe o contexto: a interpretação é literal! Mais uma vez o texto está falando do amor e solidariedade entre irmãos. "Vendiam as suas propriedades e bens, distribuindo o produto entre todos, à medida que alguém tinha necessidade." (Atos 2:45).

Os mais ricos vendiam seus bens e socorriam os mais necessitados. Os apóstolos não ordenaram nem pediram que fizessem isso, mas o fizeram por espontaneidade e solidariedade, por amor e compaixão. Não está errado o crente vender a casa, carro, terras e doar todo valor ou parte do valor para obras de Deus e do evangelho, se assim desejar seu coração, mas nunca como uma barganha. Somos filhos de Deus e herdeiros das bênçãos do Pai. "Se somos de Cristo somos descendentes de Abraão e herdeiro segundo a promessa" (Gálatas 3:29). Não é pecado o crente ser rico; pecado é amar mais as riquezas que a Deus.[83]

---

[83] SANCHES, André. Para receber a bênção de Deus eu preciso fazer sacrifícios financeiros? **Esboçando Ideias**, [s. l.], jul. 2012. Disponível em: https://www.esbocandoideias.com/2012/07/para-receber-a-bencao-de-deus-eu-preciso-fazer-sacrificios-financeiros.html. Acesso em: 2 fev. 2022.

9

O PODER DA ORAÇÃO

9.1 Fé e a oração da cura

Muitos dizem que temos de ter em mente que o ritual da unção com óleo no Antigo Testamento foi substituído pela imposição de mãos no Novo Testamento. Mas em Tiago 5:14-16 está escrito: "Está alguém entre vós doentes? Chame os presbíteros da igreja, e estes façam oração sobre ele (o doente), ungindo-o com óleo, em nome do Senhor". Veja que Tiago manda ungir o enfermo com óleo e impor as mãos (*sobre ele*). Imposição de mãos e a unção com óleo eram práticas bíblicas no Antigo e no Novo Testamento e ainda são nos dias de hoje. Porém precisamos ser cautelosos ao permitir alguém colocar as mãos sobre nossas cabeças para orar, por causa do misticismo praticado por muitos. Ao contrário de objetos, o óleo, por ser um elemento significativo e bíblico, pode ser levado ao enfermo por uma terceira pessoa ao agente que vai orar e ungi-lo em nome do Senhor. O verso 15 diz que "a oração da fé salvará o enfermo e Deus o levantará."[84] É importante esclarecer que Deus é soberano, e para Ele não há limite de tempo e espaço para ouvir e atender nossas orações.

Há situações que impossibilitam o deslocamento de quem quer receber uma oração ou de quem vai orar, mas isso não impede que Deus ouça aquele que clamar. Está escrito: "Clama a mim e ouvir-te-ei, anunciar-te-ei coisas grandes e ocultas que não sabes." (Jeremias 33:3), e "Esperei com paciência no Senhor, e Ele se inclinou para mim, e ouviu o meu clamor" (Salmo 40:1).

9.2 Fé e obediência

Há, porém, um detalhe importante a observar: a obediência. Quando alguém diz que tem fé, pressupõe-se que é obediente. Fé requer obediência.[85]

---

[84] HILL, Megan. A oração de fé salvará o doente. **Voltemos ao Evangelho**, [*s. l.*], 19 set. 2018. Disponível em: https://voltemosaoevangelho.com/blog/2018/12/a-oracao-de-fe-salvara-o-doente/. Acesso em: 2 fev. 2022.

[85] BOSWORTH, F. F. **Cristo, aquele que cura**. Tradução de Josué Ribeiro. Rio de Janeiro: Graça Editora, 1973. p.117.

Portanto, para que a justiça de Deus opere em nós, temos de obedecer à sua Palavra, perdoando a quem nos ofende e orando uns pelos outros. As mesmas condições valem para o agente que vai orar. Está escrito: "A oração feita por um justo pode muito em seus efeitos" (Tiago 5:16). A obediência e a fé levam à cura.

Naamã, um general sírio respeitado, porém leproso, que vivia em Israel no tempo da dominação Síria, foi levado ao profeta Elizeu para ser curado. Elizeu mandou que mergulhasse no rio Jordão sete vezes (Por que sete? Bastava uma vez, mas foi uma questão de obediência), ainda porque o sete é o número da perfeição. Naamã ficou indignado, mas foi convencido por seus servos a crer e obedecer. Então entrou no rio sete vezes conforme havia ordenado Elizeu e ficou curado. Naamã foi curado porque foi até Eliseu, creu e obedeceu, e reconheceu, dizendo: "O Deus de Israel é o único Deus" (2 Reis 5:15).[86]

Jesus viu um cego de nascença quando caminhava, fez lodo com a saliva, aplicou nos olhos dele e ordenou-lhe que fosse se lavar no tanque de Siloé: "Vai, lava-te no tanque de Siloé. [...] Ele foi, lavou-se e voltou vendo" (João 9:6-7). Destaca-se, nesse caso, a condição da obediência. Ele obedeceu, "foi, lavou-se e voltou vendo". "Vai e lava-te." Crer e obedecer é uma condição para receber a cura.

9.3 Curas a distância

Há alguns registros de cura a distância nos evangelhos, mas são casos específicos. Mateus 8:5-10 relata que um centurião romano se aproximou de Jesus implorando por seu criado que estava em sua casa deitado em uma cama, paralisado. Então Jesus se dispôs a ir até a casa do centurião para curar seu criado, mas este respondeu, dizendo: "não sou digno que entres em minha casa, apenas manda uma palavra e meu criado ficará curado" (Mateus 8:8). Veja que Jesus só não foi à casa do centurião porque este lhe disse que não era necessário. Marcos 7:26-30 diz que "uma mulher, cuja filhinha estava possessa de espírito imundo [...], veio e prostrou-se aos pés de Jesus". Essa mulher era grega de origem siro-fenícia, e rogava-lhe que expelisse o demônio. "Jesus respondeu e disse: deixa primeiro alimentar os filhos [...]" (Israel). Num gesto de

---

[86] ÂNGELO, Cindi. Naamã, uma fé que caminha na obediência. **Geração Profética**, [s. l.], 1 out. 2016. Disponível em: https://cindiangelo.wordpress.com/2016/10/01/naama-uma-fe-que-caminha-na-obediencia/. Acesso em: 2 fev. 2022.

humildade, ela respondeu que se contentava mesmo com as migalhas que sobrasse das crianças e caíssem embaixo da mesa. "Então lhe disse: por causa dessa palavra, pode ir, o demônio já saiu de sua filha" (Verso 29). O verso 30 diz: "Voltando-a para casa, achou a menina sobre a cama, pois o demônio a deixara" (Marcos 7:30). Nesse verso, está claro o motivo pelo qual a mãe não pôde levar a filha até Jesus: estava possessa de espírito imundo. Quando voltou encontrou-a liberta sobre a cama. Esse foi um caso específico.

Outro caso específico de cura a distância está registrado no evangelho de João, que diz que um oficial do rei, "cujo filho estava doente em Cafarnaum [...] foi ter com Jesus e rogou-lhe que descesse para curar seu filho, que estava à morte." [...] "Rogou-lhe o oficial: Senhor desce antes que meu filho morra. Vai, disse lhe Jesus, teu filho vive" (João 4:46-51). Naquele tempo não havia meios de transporte que facilitassem o deslocamento de um doente, por isso o pai não pôde levar seu filho. Foi mais um caso em que não foi possível o contato do doente com Jesus num processo de cura.[87]

Observe que, nesses três casos, os doentes foram representados, primeiro, por pessoas mais próximas, parentes, pessoas que os amavam; segundo, por pessoas que exerciam autoridade sobre eles. É importante que saibamos que os pais têm autoridade espiritual sobre os filhos. O pastor tem autoridade espiritual sobre o rebanho que o Senhor deixou a seus cuidados, e Jesus tem autoridade sobre toda a Igreja. Oramos uns pelos outros porque amamos uns aos outros. Estando a distância ou não, somos parte de um só corpo (da Igreja, o corpo de Cristo).

9.4 A cura está no poder da fé

Jesus disse que "tudo quanto pedirmos em oração crendo sem duvidar em nosso em oração, receberemos" (Marcos 11:24). Lucas 8:43-48 narra que, enquanto Jesus caminhava uma multidão o apertava, e em meio à multidão ia também uma certa mulher que, havia 12 anos vinha sofrendo de uma hemorragia sem que ninguém pudesse curá-la, e que gastara com os médicos tudo quanto tinha (Vs.43).

---

[87] MSTERDAM, Peter. **Sua Vida e Mensagem:** Cura à Distância (1ª Parte). Espaço dos Diretores, 28 nov. 2017. Disponível em: https://directors.tfionline.com/pt/post/jesus-sua-vida-e-mensagem-cura-distancia--1-parte/. Acesso em: 2 fev. 2022.

Então, tomou uma decisão e disse: se eu tão somente tocar na orla de seu vestido ficarei curada! Tocou-lhe, e logo estancou a hemorragia (Vs. 44). O final do versículo 47 diz que ela foi curada imediatamente. Deus pode mandar a cura de imediato ou não, se assim desejar, a condição para recebê-la é a fé. Talvez o que esteja faltando em nós seja isso: atitude de fé. Dizemos que temos fé, mesmo assim vamos à farmácia comprar o remédio (não que seja pecado tomar remédio).[88]

Não temos de questionar, temos de crer e confiar que Ele fará. Pode ser que o Senhor não mande a cura de imediato para que não nos exaltemos e nos enchamos de grandeza e soberba da carne, atribuindo a vitória aos nossos próprios méritos, nos esquecendo que a glória é de Deus. Talvez tenha sido isso que aconteceu com Paulo, ele revela (11 coríntios 12:7) que foi posto um espinho na sua carne para que não se ensoberbecesse com grandeza, e foi esbofeteado por um mensageiro de satanás a fim de não se exaltar, porém a bíblia não traz nenhuma referência de que espinho estivesse ligação com enfermidade. Às vezes oramos a Deus pedindo ou determinando a cura para nós mesmos ou para outro e não obtemos o resultado. A causa pode estar na falta de humildade.[89]

Minha filha tinha três anos de idade, depois de passar um dia inteiro brincando apresentou-se com o corpo febril à tarde. Não nos preocupamos muito, mas, apesar do chá caseiro e analgésico, a febre aumentou. Não tínhamos medidor de temperatura corporal em casa, mas sabíamos que estava alta, pois ela delirava. Já eram três horas da manhã quando, então, tomei uma decisão: clamar a Deus pela minha filha. Não sei explicar, mas tive a ideia de pegar um copo com um pouco de água — água simboliza a vida — apresentei a Deus e pedi para o Senhor colocar naquela água seu poder de cura, e que, ao tomar dela, ela ficaria curada. Em seguida, dei-lhe três goles (não sei explicar por que três), e disse à minha esposa (que estava inquieta): podemos apagar as luzes e dormir, porque o Senhor a curou. E assim foi feito: a temperatura baixou, ela dormiu o resto da noite. Pela manhã já não havia mais febre, estava curada. Usei a minha fé, porém a glória foi do Senhor.

Naamã foi até o profeta pedir pela cura. Creu, obedeceu e foi curado na mesma hora, conforme relato bíblico. Temos de entender que Deus age de acordo com sua vontade e circunstâncias. No tempo de Elias e Eliseu,

---

[88] OSBORN, Tommy Lee. **Curai enfermos e expulsai demônios.** Tradução de Eliseu Pereira. Rio de Janeiro: Graça Editora, 2000. p. 107.

[89] RESPOSTAS BÍBLICAS. O que era o espinho na carne de Paulo? **Respostas Bíblicas,** [s. l.], [20--]c. Disponível em: https://www.respostas.com.br/o-que-era-o-espinho-na-carne-de-paulo/. Acesso em: 2 fev. 2022.

Israel estava afundado na idolatria seguindo deuses sírios. A cura imediata de Naamã, general sírio, representava uma mensagem clara enviada aos israelitas de que só havia um Deus em Israel.[90]

Minha filha delirava, o que indicava perigo de convulsão febril. Se isso acontecesse, eu teria cinco minutos para chegar ao pronto socorro, o que era impossível. Creio que foi nessa circunstância que o Senhor agiu e a curou de imediato. Quando orarmos por uma cura ou um milagre sem duvidar em nosso coração, mas crendo que receberemos, assim será feito, mesmo que seja preciso esperar um pouco. Mas para isso acontecer, temos de obedecer e crer nas promessas de Deus e agir conforme a sua palavra descrita em (Marcos 11:24-26). Então, "poderei fazer aquilo que Ele diz que eu posso", e "Deus fará aquilo que a sua palavra diz que Ele fará".[91]

Eu estava dentro de uma agência bancária, quando repentinamente fui acometido por uma forte dor na região dos rins. Fui levado às pressas ao pronto-socorro, fui diagnosticado com cálculo renal (pedra nos rins). Após algumas seções de aplicação de morfina para aplacar a dor, fui encaminhado ao urologista para exames. O especialista disse que a forma mais prática de retirada dos cálculos seria por meio de uma sonda, enviada pelo canal da uretra. Então, deveria ficar internado para procedimentos até o dia seguinte. Enquanto esperava em uma enfermaria acompanhado por minha esposa tomando soro, entrei na presença do Senhor em oração e súplicas, e clamei pela cura em nome do Senhor Jesus. Logo em seguida apareceu um senhor, amparado por uma senhora trazendo nas mãos uma embalagem de soro pendurado em uma haste. Entrou no quarto e sentou-se em uma outra cama que havia em frente à minha. Então, a mulher olhou em nossa direção e perguntou à minha esposa o que havia comigo. Depois de ouvir a resposta, disse à minha mulher para não permitir que eu fosse submetido a tal procedimento, e ordenou: procura uma erva, assim e assim! Retire as folhas, faça um chá e dê a ele, e ficará curado. Alertou ainda que eu ficaria mutilado se passasse por aquele procedimento. Em seguida se retirou, da mesma forma que entrou. Ficamos curiosos, indagamos as enfermeiras sobre aquele casal, elas responderam: não vimos ninguém! E não havia nenhum registro de entrada de paciente naquelas últimas horas, e que não havia mais ninguém além de mim e minha esposa naquela ala. Cancelada a internação, fomos para casa, à noite tomei o chá da tal erva e de manhã e a pedra pontiaguda foi expelida naturalmente.

---

[90]   CINTRA, Ângela Valadão. Um gesto de obediência. **Diante do Trono,** 24 dez. 2012. Disponível em: https://diantedotrono.com/um-gesto-de-obediencia/. Acesso em: 2 fev. 2022.

[91]   OSBORN, Tommy Lee. **A cura de Cristo – como recebê-la.** 2. ed. Rio de Janeiro: Graça Editora, 1999. p. 57.

A Bíblia ensina para examinarmos a nós mesmos quando estivermos orando, confessar nossas culpas, perdoar se fomos ofendidos e pedir perdão se ofendermos alguém, agindo conforme descrito em Lucas 6:37-38. Não podemos nos esquecer disso, se quisermos que Deus ouça e atenda nossa oração. Pedimos a Deus perdão por nossos pecados quando oramos e nos esquecemos de confessar nossas culpas e perdoar a quem nos ofende, guardando a mágoa em nosso coração. Isaías disse *que os pecados de Israel encobriam o rosto Deus, por isso Ele não os ouvia* (Isaías 59:1-2).

A cura está no poder da fé, não está condicionada ao óleo nem à água, embora ambos simbolizam a vida e o Espírito Santo, assim no Antigo, como no Novo Testamento. No Antigo Testamento, a unção com óleo era para reis e sacerdotes, para ungir a tenda, templo, altar e os utensílios da tenda (1 Samuel 10:1; Êxodo 30:25-31). No Novo Testamento, os apóstolos confirmaram a mesma prática para cura de enfermos (Marcos 6:13; Tiago 5:14). Então, não há nada de errado em usar a água ou óleo na cura de um enfermo, desde que seja acompanhada da oração feita por um justo. "A oração feita por um justo pode muito em seus efeitos" (Tiago 5:16). De acordo com a Palavra de Deus, o óleo e a água simbolizam o Espírito Santo. O Espírito Santo representa a vida, portanto o contato do doente com a água e com o óleo para curar é bíblico, mas não podemos esquecer que não é o óleo nem a água que curam. A unção deve estar acompanhada da oração da fé naquele que cura: O Senhor Jesus Cristo.

10

A IGREJA NA ERA DA PÓS-MODERNIDADE

10.1 Mudança de hábitos

Não se vê hoje, como se via no passado, crentes indo para a reunião da Igreja com a Bíblia debaixo do braço. Quando uma pessoa era vista caminhando com uma Bíblia na mão, era comum ouvir alguém dizer: "lá vai o crente!" Com as disponibilidades de recursos tecnológicos existentes hoje, quase ninguém leva a Bíblia quando vai a uma reunião da Igreja. Na hora do sermão ou estudo bíblico, o pregador (moderno) substitui a Bíblia pelo *tablet* ou *notebook*. A leitura da Palavra de Deus é acompanhada no telão. Não se usa mais a Bíblia. Nos louvores, não se ouve mais nas Igrejas aqueles lindos hinos do Cantor Cristão, da Harpa Cristã e de outros hinários, com a participação de toda a Igreja formando um grande coral, de onde ecoava um som com vozes ungidas, semelhante a vozes de anjos. Não existe mais.

Segundo o site Gospel, o relatório de uma pesquisa feita nos Estados Unidos no período entre 1998 e 2007, pelo "Protestante Digital," mostra que o coro (grupo formado por homens e mulheres denominado coral), desapareceu em 54% das Igrejas.[92] Provavelmente esse número esteja, hoje, 12 anos mais tarde, bem mais alto. Esses cânticos assim como o coral, foram substituídos por músicas chamadas gospel, executadas somente por cantor solo ou grupo (banda), cuja letra somente eles conhecem, e o que é mais grave, em muitos casos a letra dessas músicas não elogia a Deus, elogia o homem. A palavra louvor significa "elogio". Assim, por desconhecimento, elogiamos o homem em vez de elogiarmos a Deus ao cantar certos cânticos.

---

[92] GEIER, Verner. Porque os coros estão desaparecendo das Igrejas? **Blog de Silvio Araujo**, [s. l.], 6 maio 2016. Disponível em: https://silvio-araujo.blogspot.com/2016/05/porque-os-coros-estao-desaparecendo-das.html. Acesso em: 2 fev. 2022.

10.2 A tecnologia na vida da Igreja

Não muito tempo atrás, projetar músicas em telões era visto como profanação. Assistir ou possuir uma TV em casa era proibido aos membros de algumas denominações evangélicas. A questão não era o ser ou não um pecado, o motivo era não satisfazer os desejos da carne, evitar que a mente fosse contaminada por conteúdos imorais, como novelas e outros programas tidos como lícitos, mas que não convém ao crente, e preservar os princípios éticos cristãos e os bons costumes das famílias cristãs. Não há nada de errado em retroprojetar cânticos, textos bíblicos no telão, assistir ou possuir TV em casa. A tecnologia veio para facilitar a vida das pessoas, isso é indiscutível, traz conforto, informação, opiniões e curiosidades. Queira ou não, a Igreja está inserida nesse processo. Ela faz parte da vida cotidiana dos crentes. Nos dias de hoje, isso não tem como evitar, é uma ferramenta que a Igreja pode usar em seu benefício e do evangelho. A tecnologia parece exercer cada vez mais um papel de destaque na vida da Igreja, no entanto, cabe a família educar seus filhos quanto à religião desde o início. "Ensina seu filho o caminho em que deve andar, para não se desviar dele quando crescer" (Provérbio 22:6). E ao pastor líder de cada Igreja cabe alertar seu rebanho, sobretudo aos crentes jovens, quanto ao perigo do uso indiscriminado das redes sociais. O vício leva ao descontrole e restringe ou anula seu tempo de estar em comunhão com Deus, na oração e na leitura diária da Bíblia. Tornam-nos mais interessados em ficarmos conectados às redes sociais do que estarmos na Igreja, aprendendo a Palavra de Deus. A ciência tecnológica pode ser proveitosa, mas escraviza se não houver autocontrole de quem a usa. Pode se tornar verdadeira armadilha para o crente.[93]

> O cientista Allen Downey da Olin College de Massachussets (EUA) fez um estudo recente, onde destaca que a baixa frequência nos cultos de jovens americanos está associada ao uso inadequado das redes sociais. A internet pode nos afastar da Igreja, ele diz![94]

---

[93] FERRAZ, Mateus. Ciência e Fé: os perigos da tecnologia. **Impacto Publicações**, [*s. l.*], 11 dez. 2011. Disponível em: https://www.revistaimpacto.com.br/biblioteca/ciencia-e-fe-os-perigos-da-tecnologia/. Acesso em: 2 fev. 2022.

[94] GALVÃO, Daniel de Souza; NABARRETE JR., Waldemar. **Tecnologia, Vida e Adoração:** aprendendo a viver e a adorar num mundo novo. [*S. l.*], [201-]. https://slideplayer.com.br/slide/10431713/. Acesso em: 2 fev. 2022.

10.3 Pós-modernismo, um desafio para a Igreja

Em toda sua história, o cristianismo enfrentou desafios, suportou perseguições e muitos cristãos foram mortos por defenderem a sã doutrina e a fé em Jesus Cristo. Testemunhos fortíssimos moveram e converteram o coração de milhões de pessoas por toda a parte. A realidade que vivemos hoje não é a mesma de tempos passados. O mundo passou por mudanças e transformações culturais, sociais e econômicas nos meados do período da modernidade, com a primeira revolução industrial. Isso marcou o início das mudanças do comportamento humano e um novo tempo de desafios para a jovem Igreja protestante oriunda da tentativa de reforma de Martinho Lutero. É impossível a Igreja não ser atingida por essas mudanças, porém ela deve se adaptar, mas sem se deixar influenciar pelos discursos contrários ao contexto teológico histórico/bíblico. A Palavra de Deus é imutável.[95] A revolução industrial do século XVIII, que se estende até aos dias de hoje, foi dividida em três etapas e, em cada uma delas, novas tendências culturais surgiram em virtude dos aprimoramentos da tecnologia e do conhecimento científico, em cujo contexto estava a Igreja. Agora, surge o maior dos desafios para ela: "A Nova Era". Um movimento ainda mais radical, uma filosofia baseada em práticas do ocultismo e misticismo, anunciando uma nova era sem Cristo. Iniciou entre os anos de 1960 e 1970 com o surgimento da terceira fase da revolução industrial. O fim da era de peixes e o começo da era de aquários. Para os pós-modernistas, o movimento da Nova Era veio como um aliado, pois tem como um dos objetivos estabelecer uma nova religiosidade universal.

Segundo Pye,

> O movimento do Nova Era é, na verdade, uma rede coesa de grupos e organizações que trabalham para atingir um objetivo comum. Ele é um meio astuto de levar os cristãos para longe de Cristo, induzindo-os lentamente a acreditarem em uma variedade de ideias de origem essencialmente pagã.[96]

---

[95] SILVA, Sebastião José da. Os desafios da igreja no século XXI. **Igreja Jesus é a Luz do Mundo no Brasil,** [s. l.], [20--]. Disponível em https://sites.google.com/site/igrejapalmares/estudo-4. Acesso em: 2 fev. 2022.

[96] PYE, Robert. Dezoito mentiras da Nova Era — um ataque oculto ao cristianismo. **A Espada do Espírito,** [s. l.], fev. 2009. Disponível em: https://www.espada.eti.br/novaera-1.asp. Acesso em: 3 fev. 2022.

10.4 Características do pós-modernismo

O pós-modernismo teve início com o fim da Segunda Guerra Mundial na década de 1940, em substituição ao modernismo, considerado um movimento estático que não atendia mais aos anseios sociais. Mas foi na década de 1960 que começou a se destacar. Foi mais um processo de mudanças significativas nas tendências artísticas, filosóficas, sociológicas e científicas, estabelecendo uma nova fase de transformação comportamental retratada na música jovem, na literatura e na cultura. As principais características do pós-modernismo são ausência de valores e regras, pluralismo, liberdade de expressão, a metanoia psicológica, a mistura do real com o imaginário. O período do pós-modernismo representa o maior desafio para a Igreja em toda a sua história. Os pós-modernistas rejeitam as Escrituras Bíblicas como verdade.

Segundo Mohler,

> Gene Veith deão da Faculdade de Ciências Humanas, na universidade de Concórdia, contou-nos sobre um jovem que afirmava ser cristão, professava crer em Cristo e amava a bíblia, mas também cria na reencarnação. Seu pastor confrontou sua crença na reencarnação dirigindo o jovem para Hebreus, 9:27. O texto lido foi: "E assim como aos homens está ordenado morrerem uma só vez, vindo, depois disso o juízo". O jovem voltou a olhar para o seu pastor e respondeu: "Bem, essa é a sua interpretação".[97]

Segundo a teoria pós-modernista a verdade não é absoluta, é subjetiva e não é universal. O que é a verdade para um, pode não ser para outro. O relativismo religioso desafia o evangelho cristão e impõe o seu padrão de conduta para influenciar jovens e adultos no mundo inteiro. Paira sobre a geração de hoje uma nova visão da realidade e forma de encarar e celebrar a vida.[98] Há 30, 40 anos, cultos eram realizados ao ar livre nas praças, nos calçadões e nos lares sábados à noite por um pequeno grupo de irmãos. Bastava levar uma caixa de som, um microfone e um violão para atrair uma pequena multidão. As pessoas ouviam atentamente a mensagem e algumas confessavam a Cristo ali mesmo, outros

---

[97] MOHLER, Albert. O desafio do pós-modernismo. **Ministério Fiel**, [s. l.], 29 maio 2009. Disponível em: https://ministeriofiel.com.br/artigos/o-ministerio-pastoral-esta-mais-estranho-do-que-costumava-ser-o-desafio-do-pos-modernismo/. Acesso em: 2 fev. 2022.

[98] DIANA, Daniela. Características do pós-modernismo. **Toda Matéria**, [s. l.], [20--] Disponível em: https://www.todamateria.com.br/caracteristicas-do-pos-modernismo/. Acesso em: 2 fev. 2022.

pediam cultos em suas casas e convites para o culto de domingo à noite eram distribuídos. Os jovens da Igreja eram comprometidos com a obra de evangelismo. Depois de receberem treinamento, saíam em grupos, divididos de dois em dois aos domingos à tarde, e de casa em casa divulgavam as boas novas. Destaca-se o fato de que eram bem recebidos pelas pessoas em quase todas as casas.

Eu era um jovem e tive a honra de fazer parte de um desses grupos. Esse trabalho gerava frutos e, em função dele, pontos de pregação e estudos bíblicos e pequenas congregações eram abertos. Algumas deram origem a Igrejas que hoje são fortes. Eu tinha menos de seis meses de convertido, mas já havia em mim o Espírito missionário, e o desejo de ganhar minha família para Cristo. Então convidei meus parentes para estudarem a Bíblia uma vez por semana, reunidos na garagem da casa de minha mãe. Outras pessoas juntaram-se a nós e o grupo cresceu, havendo a necessidade de alugar um local adequado e maior para estabelecer uma congregação. O resultado é que o trabalho frutificou e um terreno maior foi adquirido, onde hoje existe um grande templo, para glória de Deus. Assim, toda a minha família foi evangelizada e grande parte dela foi alcançada pela graça de Deus.

10.5 A Igreja e o conceito do pós-moderno

À medida que o tempo passa, os desafios para a Igreja aumentam. Surgiram novas tendências do pós-modernismo. Uma infinidade de pensamentos ideológicos e filosóficos que surgiram no início da Idade Média, que se renova por meio dos séculos e se espalhou pelo mundo, dando origem a interpretações falsas, dividindo opiniões, dificultando ou impedindo muitos de receberem a verdadeira Palavra. A Igreja, em diversas partes do mundo, por influência dessa nova tendência anticristã está se afastando do cristianismo bíblico. Há poucas décadas, as pessoas tinham sede da Palavra de Deus, desejavam-na ardentemente e não havia dificuldade em compreendê-la. Estamos nas primeiras décadas do século XXI, no entanto, parece que a Palavra de Deus não impressiona mais as pessoas em nossos dias. A Igreja precisa pedir a Deus sabedoria e buscar, no Espírito Santo, capacitação e novas estratégias para divulgar o seu evangelho em nossa geração, sem se deixar seduzir pelas estratégias do pós-modernismo, pois o Espírito Santo que capacitou os crentes do passado é o mesmo hoje.

> Vivemos tempos de desconsideração para com a verdade. Cada um parecer defender e viver de acordo com o que pensa ser mais correto. No entanto, a Bíblia nos ensina que temos uma história comum, uma revelação absoluta e princípios éticos normativos. E Deus estabeleceu sua Igreja como coluna e baluarte da verdade.[99]

Segundo o jornal cristão *Folha Gospel*, uma pesquisa do Instituto Barna mostra que "a geração mais jovem é mais suscetível ao erro". Outra pesquisa revela que vem aumentando a influência de crenças não cristãs na mentalidade dos cristãos praticantes, e que grande parte deles concorda com ideias que contrariam as Escrituras. O conceito pós-moderno provocou uma ruptura com a cultura dos valores éticos, morais e espirituais. Isso revela a face perversa do mal afetando a sociedade, na tentativa de afetar também a Igreja de Cristo. A geração pós-moderna é uma geração sem conteúdo, rasa de conhecimento, sem referência. Cabe aos líderes pastores, que não aderiram aos conceitos da Nova Era pós-moderna, buscar alternativas para lidar com a geração jovem da Igreja sem afetar sua conduta cristã (se é que isso é possível). A Igreja necessita despertar e retomar a sua posição de instrumento de Deus na Terra para converter o mundo, e não ser convertida por ele. "O evangelho é o poder de Deus para a salvação de todo aquele que crê" (Romanos 1:16). Essa é uma verdade absoluta, universal e perpétua que a Igreja não pode omitir.[100]

10.6 Novas tendências afetam a Igreja no século XX

10.6.1 Inversão de valores

Historiadores dizem que o avanço tecnológico marcou a Quarta Revolução Industrial, fazendo eclodir uma nova era: a era digital. O lançamento mais recente é destaque em todo o mundo: a inteligência artificial. Porém o que deveria ser motivo de preocupação para Igreja não é o avanço da ciência tecnológica, pois a tecnologia, em tese, é útil, auxilia e contribui para a divulgação do evangelho no mundo, mas os novos conceitos que surgiram com o pós-modernismo. São novas tendências que inverteram, de forma irreversível, os princípios de valores éticos, morais, religiosos,

---

[99] BAUMAN, Zygmunt. **O mal-estar da pós-modernidade.** Tradução de Mauro Gama. Rio de Janeiro: Zahar Editora, 1997. p. 225.

[100] FOLHA GOSPEL. Pesquisa prevê que jovens cristãos estão abandonando a fé. **Folha Gospel**, [*s. l.*], 2011. Disponível em: https://folhagospel.com/pesquisa-revela-que-jovens-cristaos-estao-abandonando-a-fe/. Acesso em: 22 abr. 2022.

culturais e sociais de todo o mundo.[101] É triste afirmar que o crescimento das Igrejas que se vê nos dias de hoje não se dá por meio da opção de fé, mas por ser vista por muitos como um meio de fuga, atraídos por estratégias pragmáticas e de sugestionabilidade de pregadores neopentecostais.

A Igreja parece perder sua identidade aos poucos. Não evangeliza mais, irmão não visita irmão, fazem parte da mesma congregação por anos, e muitos não se conhecem. Pastores não visitam suas ovelhas. Diferente da Igreja primitiva: "Todos os que creram estavam juntos e tinham tudo em comum" (Atos 2:44). Eles amavam uns aos outros e se preocupavam uns com os outros. Jesus disse: "Novo mandamento vos dou: que ameis uns aos outros, assim como eu vos amei [...]" (João 13:34). Talvez seja isso que esteja faltando: amor. Amor de irmão para irmão, amor pelas almas perdidas, pelos encarcerados, pelos enfermos nos hospitais, pelos menos favorecidos, amor pela Palavra de Deus. Isso é papel da Igreja e mandamento de Cristo. Uma boa parte da Igreja parece estar adormecida.[102] O cristianismo deve apresentar Deus como a verdade absoluta como está escrito em João 14:6: "Eu sou o caminho e a verdade" não há outro, porém, os assuntos divinos passaram a ser analisados subjetivamente, sem uma norma bíblica, assim, a fé do cristão não está em Deus, mas nele mesmo. É a fé sendo substituída pela razão. As orações se tornaram instrumento de realização da pura satisfação humana, como uma "magia" para alcançar bênçãos. Deixou de ser um elemento essencial para comunhão e rendição à vontade de Deus, como em Mateus 6:5,8. As pregações se tornaram puras propostas de "barganhas" com Deus![103]

10.6.2 Inversão de valores na adoração e louvor nos cultos

Há poucos anos, o louvor era ministrado por um regente com um Cantor Cristão na mão, e regia com reverência toda a congregação, formando um grande coral. Não se vê mais isso nos dias de hoje. Muitas Igrejas estão buscando novos meios de ministração para se tornarem mais atraentes, transformando-se em autêntico local de entretenimento, com a finalidade de agradar jovens. Igrejas são pintadas de preto. O local do púlpito é trans-

---

[101] BORBA, Thadeu e Rita. Inversão de valores. **Verbo da Vida**, [s. l.], 4 mar. 2016. Disponível em: http://verbodavida.org.br/mensagens-gerais/inversao-de-valores/. Acesso em: 2 fev. 2022.

[102] PEREIRA, Jeremias. **A Igreja que Evangeliza Morre**. Belo Horizonte: Oitava Igreja P. de BH, 2014. Disponível em: https://oitavaigreja.com.br/a-igreja-que-nao-evangeliza-morre/. Acesso em: 22 abr. 2022.

[103] DEYONG, Kevin. **Não Quero Um Pastor Bacana**. Tradução de Emirson Justini. São Paulo: Editora Mundo Cristão, 2011. 320 p.

formado em palco iluminado com refletores e jogos de luzes coloridas, equipado por canhões de *leds* que mais parece uma boate. Os cultos se tornaram verdadeiros shows. O que está em questão não é a cor preta, mas o propósito. Pode até ser visto como uma estratégia para atrair jovens, desde que seja feito tudo com reverencia, cuidando em agradar a Deus e não ao homem. Não transforme o palco, local de culto e louvor a Deus, em uma armadilha para promover uma vida descompromissada com o evangelho e compromissada com o mundo, seduzindo a geração jovem à satisfação carnal, desviando-as do verdadeiro propósito: a adoração à Deus.[104]

> [...] os verdadeiros adoradores adorarão ao Pai em espírito e em verdade, porque são estes que o Pai procura para serem adoradores. Deus é espírito; importa que seus adoradores o adorem em espírito e em verdade (João 4:23-24).

Segundo Ciro,

> Essas doutrinas filosóficas estão por trás de ensinamentos e práticas da igreja emergente do pós-moderno, movimento que, no afã de atender o ser humano de acordo com suas necessidades, tem procurado desconstruir doutrinas, valores e costumes. Pastores pragmatistas não perguntam se é bíblico, querem saber se funcionam, agrada e motivam as pessoas, gerando crescimento numérico. Um exemplo claro disso é o fato de muitas igrejas não parecerem com igrejas! Seus líderes adotam uma abordagem pragmática: priorizando as preferencias das pessoas, fazendo com que o culto não seja culto, e sim uma festa dançante e cheia de novidades. Ignoram o que ensina o Novo Testamento a respeito: "Tudo deve ser feito decentemente e com ordem" a fim de que, mediante as ministrações do louvor (salmo), da palavra (doutrina) e do Espírito (revelação), todos sejam edificados (1 Coríntios 14:26-40). [...] Por que os lugares de culto (também conhecidos como igrejas, na atualidade) estão cada vez mais parecidos com boates, bares ou casas de eventos? Por influência da "igreja emergente." O "evangelho" está se tornando tão mundano, e o mundo tão "evangélico" que já não se sabe mais onde começa um e termina o outro.[105]

---

[104] WEBER, Jéssica Rebeca. Conheça o culto de uma igreja evangélica que lembra um show de rock. **GZH**, Porto Alegre, 14 nov. 2019. Disponível em: https://gauchazh.clicrbs.com.br/porto-alegre/noticia/2019/11/conheca-o-culto-de-uma-igreja-evangelica-que-lembra-um-show-de-rock-ck2xvr5y501at01phb4hmo1ws.html. Acesso em: 2 fev. 2022.

[105] CIRO, Sanches Zibordi. Igrejas que mais parecem boates. **CPADNews**, [*s. l.*], 26 ago. 2019. Disponível em: http://www.cpadnews.com.br/blog/cirozibordi/apolog%C3%83%C2%A9tica-crist%C3%83%C2%A3/230/igrejas-que-mais-parecem-boates.html. Acesso em: 2 fev. 2022.

É lamentável e triste ouvir de irmãos e alguns pastores que, "acompanhar essa mudança é uma tendência da Igreja". No fundo, eles estão certos. Paulo disse a Timóteo que "[...] nos últimos tempos alguns apostatarão da fé por obedecerem a espíritos enganadores e a ensino de demônios" (1 Timóteo 4:1). O modismo das Igrejas dos tempos modernos e as interpretações distorcidas do evangelho vêm abrindo portas de entradas para cobiças carnais e caminhos para a apostasia no mundo. Parece que não há mais distinção entre a Igreja e o mundo. Vê-se um cristianismo sem compromisso, influenciado pelas novas tendências do pós-modernismo, cujas características são ausência de valores e regras.[106] O mundo vive uma época de incertezas, do vazio e do niilismo, que ensina que o espírito humano não pode ter certeza a respeito da verdade.[107]

10.6.3 A inversão da ética cristã

O individualismo, a liberdade de expressão ou religiosa, o relativismo religioso e a pluralidade religiosa são alguns dos novos conceitos comportamentais que surgiram com o pós-modernismo:

Individualismo — caracteriza-se pela liberdade de escolha do indivíduo que, na sua cosmovisão, considera-se independente, decide por si mesmo, opõe-se ao coletivismo e não precisa se sujeitar a normas gerais. Cada um conduz a sua própria vida como bem entender, constrói a sua verdade e vive em torno dela.

Liberdade de expressão – prega o exercício da liberdade individual, em que as pessoas possam se distinguir umas das outras pelas suas escolhas. É o direito de qualquer indivíduo em se manifestar livremente suas opiniões e pensamentos.

Relativismo religioso e cultural – relativiza suas opiniões e afirma que existem outros tipos de verdade. Por exemplo, quando alguém interpreta um texto bíblico, não significa que sua interpretação é a verdade. Questiona a Palavra de Deus como a única verdade, e diz que todas as religiões são verdadeiras. O que é verdade para um, pode não ser verdade para outro. Tudo é relativo.

---

[106] SHEDD, Russell. O culto e a adoração que Deus almeja. **Teologia Brasileira**, [s. l.], 7 ago. 2018. Disponível em: https://teologiabrasileira.com.br/o-culto-e-a-adoracao-que-deus-almeja/. Acesso em: 2 fev. 2022.

[107] VATTIMO, Gianni. **O fim da modernidade:** niilismo e hermenêutica na cultura pós-moderna. São Paulo: Martins Fontes, 2002.

Pluralismo religioso – é outro conceito que ronda as sociedades religiosas no mundo inteiro, gerando conflitos de ideias, um desafio para a Igreja de Cristo nos dias de hoje. Os adeptos desse conceito creem que todas as religiões são válidas. Ao contrário do exclusivismo, dizem que todos os caminhos levam a Deus.[108]

Todos esses conceitos vêm sendo ensinados aos nossos filhos já há algum tempo e serão ensinados aos nossos netos nas escolas, por meio de programas e comerciais na TV, mensagens subliminares na mídia, das letras da música popular, da cultura com auxílio da tecnologia digital. É a geração de hoje sendo preparada para preparar outra nova geração.[109] Imagens eróticas homossexuais tornaram-se comum na cultura popular. A homossexualidade é aceita pela sociedade e defendida abertamente pela mídia. Amparada pelo exercício do direito individual. A homossexualidade não é mais considerada um pecado, a crítica à homofobia tornou-se crime em vários países e o casamento de pessoas do mesmo sexo é legalizado em muitos outros. A humanidade pós-moderna parece viver um desencanto social, religioso e político. A ideia da verdade passou a ser questionada. As ideias tradicionais deixam de ser referência. O que passa a valer agora é a regra do politicamente correto.[110]

10.6.4 Inversão de valores morais

A Igreja está vivendo tempos difíceis, precisa acordar e não pode permitir a influência do mundanismo em seu meio. O profano não se mistura com o sagrado. Paulo escreveu aos Coríntios dizendo que, "Não pode haver comunhão entre a luz e as trevas" (2 Coríntios 6:14).[111] Os desafios são muitos. Pastores, homens instituídos por Deus para o minis-

---

[108] KRÜGER, Hariet Wondracek. Marcas da pós-modernidade, na espiritualidade atual segundo o referencial cristão. **Revista Ensaios Teológicos** (Faculdade Batista Pioneira), [s. l.], v. 1, n. 2, dez. 2015. Disponível em: http://revista.batistapioneira.edu.br/index.php/ensaios/article/download/104/143. Acesso em: 2 fev. 2022.

[109] REINKE, Tony. **10 coisas que você precisa saber sobre o perigo da mídia**. São Paulo: Editora Fiel, maio 2020. Disponível em: https://ministeriofiel.com.br/artigos/10-coisas-que-voce-precisa-saber-sobre-o-perigo--da-midia/. Acesso em: 2 fev. 2022.

[110] ULTIMATO. Relativismo pós-moderno. **Ultimato** [S. l.], 2013. Disponível em https://ultimato.com.br/sites/estudos-biblicos/assunto/igreja/o-relativismo-pos-moderno/. Acesso em: 2 fev. 2022.

[111]1 ABRANTES, João. Igreja Adormecida: Um povo que me honra apenas com os lábios. **JM Notícia**, [s. l.], 4 jun. 2018. Disponível em: https://www.jmnoticia.com.br/2018/06/04/igreja-adormecida-um-povo-que--honra-me-apenas-com-os-labios-por-pastor-joao-abrantes/. Acesso em: 2 fev. 2022.

[111] 112 SISTEMAJUSTUS. **Confira as diferenças entre igreja de hoje com a de antigamente**. 2017. Disponível em: https://blog.sistemajustus.com.br/confira-diferencas-entre-igreja-de-hoje-com-de-antigamente/. Acesso em: 22 abr. 2022.

tério precisam tomar a posição correta na condução do seu rebanho. Paulo nos adverte:

> Pois haverá tempo em que não suportarão a sã doutrina; pelo contrário, cercar-se-ão de mestres segundo suas próprias cobiças, como que sentindo coceira nos ouvidos, e se recusarão a dar ouvidos à verdade, entregando-se às fábulas (2 Timóteo 4:3-4).

Os que estão se afastando do cristianismo bíblico precisam voltar. Os que ainda prezam pela tradição, que permaneçam fiéis, buscando estratégias não para satisfazer desejos carnais do rebanho (principalmente a geração jovem), mas para mantê-los na Igreja, incontamináveis, buscando, no Espírito Santo, entendimento para discernir o certo do errado. A Igreja precisa se conscientizar de que sua missão na Terra é assumir sua responsabilidade diante de Deus para não cair nas armadilhas contidas nas tendências do mundo moderno.[112]

Segundo o Instituto Humanitas da Unisinos,

> Nos últimos 20 anos, 25 milhões de norte-americanos perderam a fé ou, melhor, abandonaram a religião. A investigação do dado numérico foi feita por Allen Downey, cientista da informação do Olin College of Enginenring in Massachusetts, que chegou a uma conclusão: o motivo do crescente ateísmo está relacionado principalmente pela difusão da Web.[113]

---

[112]

[113] INSTITUTO HUMANITAS UNISINOS. Internet faz com que norte-americanos percam a fé, diz estudo. **Revista IHU On-line,** [s. l.], 15 abr. 2014. Disponível em: http://www.ihu.unisinos.br/noticias/530325-internet-faz-com-que-norte-americanos-percam-a-fe-diz-estudo%20. Acesso em: 2 fev. 2022.

11

ERAS DA IGREJA

11.1 Cristianismo primitivo, imperial, medieval e Era Moderna

A Era da Igreja de Cristo é compreendida entre o Pentecostes, ocorrido no ano 33 d.C., e seu arrebatamento, que ocorrerá no fim dos tempos. Alguns historiadores dividem esse período em fases. As principais são:

- *Cristianismo primitivo* – do século I ao início do século IV (ano 33 ao 313 d.C.), conhecido como período apostólico, tempo que se vivia um cristianismo puro.[114]

- *Cristianismo imperial* – do início do século IV ao final do século V (ano 313 ao 476 d.C.). Nesse período o cristianismo tornou-se religião oficial do Estado por decisão do imperador Constantino e estabeleceu-se como uma instituição, ato consolidado mais tarde, no ano 380 d.C., pelo imperador Teodósio por meio do Édito de Milão. A regulamentação do cristianismo trouxe alguns benefícios: fim das perseguições, liberdade de culto, bens outrora confiscados dos cristãos devolvidos, e templos foram restaurados. Mas também vieram prejuízos: a Igreja foi inundada por pessoas sem passar pela conversão. Pagãos que traziam em suas bagagens o paganismo que aos poucos foi incorporado pela Igreja. Pessoas que ingressavam na Igreja não para se regenerar, mas beneficiar-se do Estado, ou alcançar posição de destaque na sociedade. Nesse período, o império romano entrou em decadência política e administrativa, porém, apesar dos conflitos com dissidentes hereges, a Igreja cresceu em número e se fortaleceu.[115]

---

[114] HISTÓRIA DA IGREJA PRIMITIVA — RESUMO. [*S. l.: s. n.*], 2017. Publicado pelo canal Marcelo Dias 27 – MD27. Disponível em: https://www.youtube.com/watch?v=R5snYP65KJ4. Acesso em: 2 fev. 2022.

[115] JUNIOR, Marcos. A Igreja Imperial do edito de Constantino à queda de Roma. **Blog Crer Em Deus,** [*s. l.*], 10 mar. 2014. Disponível em: https://creremjesus.blogspot.com/2014/03/a-igreja-imperial-do-edito-de.html. Acesso em: 2 fev. 2022.

- *Cristianismo medieval* – do século V ao século XV (ano 476 a 1453 d.C.). A Idade Média, também conhecida como Idade das Trevas, marcada pelo pensamento religioso que dominava e controlava o acesso à ciência. A cultura era baseada na fé, na religião, nos dogmas da Igreja e no poder papal, e não no conhecimento. Com a invasão dos bárbaros veio o declínio e queda do império romano no ano 476 d.C., o que levou a Igreja a fazer aliança com eles. Isso permitiu seu fortalecimento e a expansão de seus domínios, ocupando o espaço deixado pelo império romano e se tornou um poder centralizador em toda a Europa. Assim, a Igreja transformou-se na maior e mais poderosa instituição daquele tempo, exercendo poder sobre o povo e influência sobre monarquias, não só eclesiástica, mas também política e social. A Igreja, era considerada a maior autoridade em toda a Europa. Nesse período, a sociedade era privada do conhecimento e dominada pelo pensamento religioso. Desprender-se de bens materiais para obter a salvação e vida eterna era um ensinamento da Igreja e, para isso, quem possuía terras deveria doá-la para a Igreja, ou fazer altas doações em dinheiro sob pena de ir para o inferno quando morresse. Essa regra valia para todos: nobres, aristocratas e até mesmo para a monarquia. Todos viviam sob a dependência da Igreja e não havia escolha a não ser obedecer às regras canônica sem contestar.[116] A crise econômica que abateu o império romano no primeiro século do período medieval, provocada pela invasão bárbara, causou um verdadeiro êxodo urbano, levando a população das cidades a migrar-se para o campo, surgindo assim o feudalismo: uma organização política, social e econômica. Assim sendo, a sociedade passou a ter a terra como base do seu sustento, com o sistema organizado do feudalismo as terras valorizaram. Donos de terras eram tidos como nobres e chamados senhores feudais. Dessa forma, a Igreja poderia ser considerada uma instituição feudal, por se tornar a maior e mais rica proprietária de terras da Europa daquele tempo, acumulando fortunas em imóveis.[117]

---

[116] BEZERRA, Juliana. Igreja Medieval. **Toda Matéria**, [s. l.], [201-]. Disponível em: https://www.todamateria.com.br/igreja-medieval/. Acesso em: 2 fev. 2022.

[117] HIGA, Carlos César. Feudalismo. **Mundo Educação**, [s. l.], [20--]. Disponível em: https://mundoeducacao.uol.com.br/historiageral/feudalismo.htm. Acesso em: 2 fev. 2022.

- *Cristianismo na Idade Moderna* – vai do século XV ao século XVIII (ano 1453 ao 1789), conhecido também como o período das revoluções. A mais lembrada é a Revolução Industrial, que ocorreu na Inglaterra e se espalhou por toda a Europa. Esse período marcou o início do desenvolvimento industrial, da ciência, da tecnologia e da transformação no comportamento humano. Essas transformações contribuíram, ainda, para consolidar as reformas na Igreja Católica por Martinho Lutero no começo do século XVI, ano 1517.

Porém considero o período da idade contemporânea como o mais desafiador para a Igreja protestante, agora liberta do jugo romano em virtude das grandes inovações ocorridos nos meados do século IX e XX. Com o avanço no campo do conhecimento industrial, científico e tecnológico nesse período, vieram também as transformações no campo social e cultural, causando mudanças significativas no comportamento humano. Os novos conceitos ideológicos oriundos dessas mudanças dificultam hoje a obra missionária da Igreja de Cristo.[118]

11.2 A Igreja, de perseguida a perseguidora

O cristianismo ficou marcado pelo evangelho no primeiro, segundo e terceiro século. muitos foram torturados, mortos ou jogados às feras por imperadores romanos por causa da sua fé. Apesar das perseguições política e religiosa, da intolerância, da privação de liberdade e do ódio, inicialmente pelos líderes judaicos e mais tarde pelos romanos, os primeiros cristãos discípulos foram e testemunharam. A Igreja na fase apostólica se caracterizava pela fraternidade, pois tudo quanto cada um possuía era comum a todos. Os primeiros cristãos judeus, de forma alguma, seguiam os ensinamentos dos escribas e fariseus. Tiveram como parâmetro a doutrina dos apóstolos fundamentada nas escrituras e nos livros dos profetas. A união pela fé e pelo amor era o que os destacava de outras pessoas. A Igreja se caracterizava pelo fruto do espírito, andavam pela fé, amor e esperança.

Passados quase dois mil anos a história do cristianismo, observa-se o contraste entre a Igreja primitiva e a Igreja do século XXI. Os principais fatos que a marcaram nessa trajetória foram as perseguições, primeiro

---

[118] SOUZA, Rainer Gonçalves de. A Reforma Religiosa. **História do Mundo**, [s. l.], [20--]a. Disponível em: https://www.historiadomundo.com.br/idade-moderna/a-reforma-religiosa.htm. Acesso em: 2 fev. 2022.

dos judeus no início do primeiro século, (período apostólico), seguida pelos romanos que durou cerca de três séculos, (cristianismo primitivo).

Porém, na Idade Média, a tática se inverteu. Agora a própria Igreja institucionalizada, de perseguida, passou a ser perseguidora, por meio da Inquisição, também chamada de Santo Ofício. Tratava-se de uma instituição criada pelos tribunais da Igreja Católica no século XII para perseguir, prender, julgar e punir todos que discordassem das práticas reconhecidas pelo clero como cristãs, e se estendeu até o século XIX. A última e mais cruel foi a inquisição espanhola, que ocorreu entre o século XV e o século XIX. Destaca-se as circunstâncias, e as mais variadas formas de execuções das penas impostas pelos inquisidores. Muitos deixaram a Igreja por não concordarem com as regras doutrinárias criadas pelo clero e foram considerados hereges, uma ameaça às doutrinas da instituição. Perseguidos e caçados, homens e mulheres eram presos e submetidos a todos os tipos de torturas. Muitos foram mortos por enforcamento, afogamento ou queimados vivos em praça pública, por não negarem sua fé.[119]

11.3 Nova era da igreja

Porém tudo mudou a partir do século XVI, quando Matinho Lutero retomou de forma decisiva o movimento reformista na Igreja Católica iniciado por John Wycliffe e Jan Huss no final do século XIV. Conhecido também como a Reforma Protestante (nome dado aos que aderiram esse movimento), esse acontecimento mudou a história da Igreja de Cristo. Restaurou o âmago dos ensinamentos doutrinários de Jesus e dos apóstolos, e o direito de qualquer pessoa ter acesso ao conhecimento das escrituras. Entretanto novos desafios para a igreja protestante surgiram com um advento na terceira fase da revolução industrial depois da segunda guerra mundial, nos meados do século XX: a pós-modernidade.

O pensamento moderno e o avanço da ciência tecnológica iniciados na década de 1960 e 1970 estabeleceram uma nova era. Novas tendências que inverteram os princípios de valores éticos, morais, sociais, culturais e religiosos, em todo o mundo. O individualismo, a liberdade de expressão ou religiosa, o relativismo religioso, a pluralidade religiosa são alguns dos novos conceitos de comportamento humano que surgiram com o pós-

---

[119] MACHADO Fernanda. Cristianismo – Religião passou de perseguida a oficial no Império Romano. **UOL Educação**, [s. l.], [2013]. Disponível em: https://educacao.uol.com.br/disciplinas/historia/cristianismo-religiao-passou-de-perseguida-a-oficial-no-imperio-romano.htm. Acesso em: 2 fev. 2022.

-modernismo. A narrativa bíblica não aponta a Igreja de Cristo inserida nesse contexto, mas, queiramos ou não, ela sofre influência do meio em que vive, e isso vem moldando seu comportamento nos dias de hoje.

A igreja de Cristo do século XXI não traz as mesmas características da igreja do passado. A igreja dos três primeiros séculos destacava-se pela marca de Cristo em cada membro. A Bíblia diz que era o amor fraternal, a união, o amor ágape e o amor às almas perdidas que os caracterizavam. Seu testemunho impressionava, e "Deus acrescentava dia a dia o número dos que iam sendo salvos" (Atos 2:47). Está claro que o conceito de Igreja não está bem definido na cabeça de muitos cristãos de hoje. Parece que sua essência se perdeu ao longo da história e o evangelho hoje não impressiona mais. Como foi dito, parece que não há mais distinção entre a Igreja e o mundo. Vê-se um cristianismo sem compromisso, influenciado pelas novas tendências do pós-moderno, cujas características são ausência de valores sociais. O mundo vive uma época de incertezas, do vazio e do niilismo, que ensina que o espírito humano não pode ter certeza a respeito da verdade. Percebe-se que o crescimento das Igrejas que se vê nos dias de hoje não se dá por meio da opção de fé, mas por ser visto por muitos como um meio de fuga, atraídos por estratégias pragmáticas de pregadores neopentecostais. São edificadores que edificam em outro fundamento que não é Cristo, por meio edificações de palha e feno. Apesar da ruptura dos princípios de valores causado pelas novas tendências do pós-modernismo, é preciso criar estratégia para ganhar almas. A Igreja de Cristo precisa acordar e se posicionar como instrumento de Deus para ganhar o mundo, sem se deixar levar pelas obras do mundo. O Espírito Santo que atuou na Igreja do passado é o mesmo que atua na Igreja de hoje.[120]

11.2 Arrebatamento da Igreja e a segunda vinda de cristo

11.2.1 Jesus prometeu voltar para buscar sua Igreja

Depois de cumprir sua missão na terra, a Igreja será arrebatada. Jesus prometeu a seus discípulos que iria para O Pai preparar lugar para eles, e depois voltaria para buscá-los.

---

[120] COZZER, Roney. Desafios para a Igreja na Pós-modernidade. **Comunhão Digital**, [*s. l.*], 28 abr. 2019. Disponível em: https://comunhao.com.br/desafios-igreja-pos-modernidade/. Acesso em: 2 fev. 2022.

> Não turbe o vosso coração, credes em Deus e também em mim, na casa de meu pai há muitas moradas. [...]. Pois vou prepara-vos lugar. E quando eu for e vos preparar lugar, virei outra vez, e vos levarei para mim mesmo, para que, onde eu estou, estejais vós também. (João14:1-4).

Encontramos a mesma promessa em Tessalonicenses 4:16-17 e 1 Coríntios 15:51-52. São poucos os pastores que falam ou debatem sobre esse tema, e sobre o fim dos tempos nas igrejas, talvez por terem pouco conhecimento sobre esse assunto, por ser polêmico ou porque acham assustador. Já ouvi pastores dizerem: "Para que se preocupar com o arrebatamento? Não importa o dia e a hora em que vai acontecer, somos crentes, portanto, somos salvos". Isso é uma verdade, mas veja o que disse o Anjo a João: "Eis que venho sem demora. Bem-aventurado aquele que guarda as palavras da profecia desse livro" (Ap.22:7). Então, esse assunto não é para ser ignorado. Jesus disse: *dois estarão no campo, um será tomado e deixado o outro* (Mat. 24:40), e nos mandou vigiar e ficar atentos (Vs 42 e 44). Os crentes precisam conhecer a doutrina do arrebatamento, não para serem amedrontados, mas para serem consolados (I Tess. 4:17-18).[121]

11.2.2 O Arrebatamento

O arrebatamento da igreja é o evento mais esperado entre os cristãos há mais de 1900 anos. É uma promessa do senhor aos seus discípulos. Ele disse: "E quando eu for e vos preparar lugar, voltarei e vos receberei para mim mesmo, para que, onde eu estiver estejais vós também" (João 14:3). Encontramos a mesma promessa em Tessalonicenses 4:16-17 e 1 Coríntios 15:51-52.

11.2.3 As três principais linhas de pensamento

A escatologia bíblica é um assunto complexo, cheio de mistério e simbologias, mas também há textos cuja interpretação é literal, que precisamos entender e separar uma coisa da outra. A doutrina do arrebatamento, da ressureição, da grande tribulação bem como a ordem de seus acontecimentos e segunda vinda de Cristo, são pontos considera-

---

[121] VIEIRA, Eloir. Promessa do Senhor Jesus aos Discípulos. **A Gazeta News**, [s. l.], 10 jan. 2020. Disponível em: https://agazetanews.com.br/noticia/opiniao/148777/a-promessa-de-jesus-cristo-aos-discipulos-por-eloir--vieira. Acesso em: 2 fev. 2022.

dos principais que todos os membros de uma igreja precisam conhecer. Embora haja diferentes correntes de interpretações, conhecer as profecias sobre esse assunto é importante para todos os crentes. Há três linhas de pensamento a respeito do arrebatamento da Igreja:

1ª – Pré-Tribulacionismo: visão defendida pela grande maioria dos estudiosos de escatologia, divide a segunda vinda de Jesus em duas fases:

a. o arrebatamento da Igreja, que ocorrerá secretamente antes do período de sete anos da grande tribulação, para o encontro com o Senhor nos ares, (I Tessalonicenses 4:17), (l Coríntios 15:51);

b. a volta de Jesus na terra, que ocorrerá após a grande tribulação. "Ninguém de modo algum vos engane, porque isso não acontecerá sem que primeiro venha a apostasia e seja revelado o homem da iniquidade, o filho da perdição", (II Tess. 2:3).

2ª – Mid-Tribulacionismo: ou Meso-Tribulacionista, defende que o arrebatamento ocorrerá na metade do período dos sete anos, entre os três anos e meio de falsa paz, e os três anos e meio da grande tribulação. Em seguida, ocorrerá a segunda vinda de Jesus *na terra.*

3ª – Pós-Tribulacionismo: essa visão defende que o arrebatamento ocorrerá pouco antes da segunda vinda de Jesus, logo após a grande tribulação.[122]

11.2.4 A ressureição

Para falar do arrebatamento temos que falar da ressurreição dos mortos, assunto também polêmico, debatido ainda hoje entre cristãos apegados a dogmatismo religioso. Paulo escreveu às Igrejas de Corinto e Tessalônica para esclarecer sobre a ressureição, e desfazer as controvérsias que havia entre eles, disseminada pelos judeus que não acreditavam na ressureição. "Não queremos, porém, irmãos, que sejais ignorantes com respeito aos que dormem, para não vos entristecerdes como os demais que não tem esperança" (II Tess. 4:13). Paulo explica que, se cremos que Jesus morreu e ressuscitou, assim também Deus, em Jesus, trará para sua companhia os que dorme, (Vs. 14).

---

[122] SANTIN, Jonas Roberto. **O Arrebatamento pré, meso ou pós-tribulacionista da Igreja, numa perspectiva dispensacionalistas pentecostal.** 2015. Tese (Mestrado em Teologia) – Faculdades EST, São Leopoldo, 2015. Disponível em: http://dspace.est.edu.br:8080/jspui/handle/BR-SlFE/680. Acesso em: 2 fev. 2022.

> Porquanto o Senhor mesmo, dada a sua palavra de ordem, ouvida a voz do arcanjo, ressoada a trombeta de Deus, descerá dos céus, e os mortos em Cristo ressuscitarão primeiro; depois nós, os vivos, os que ficarmos, seremos arrebatados juntamente com eles entre as nuvens, para o encontro com o Senhor nos ares, e assim, estaremos para sempre com o Senhor" (I Tess. 4:16-17).[123]

Depois ele conclui: "Consolai uns aos outros com estas palavras" (I Tess. 4:18). Paulo temia que os cristãos de Tessalônica; aqueles que haviam recebido o evangelho de Jesus, fossem sucumbir diante dos argumentos dos judeus ortodoxos e judaizantes opositores da doutrina da ressurreição.

---

[123] BÍBLIA SAGRADA, 2008, p. 1562, 4:16.

12

HAVERÁ DUAS RESSUREIÇÕES

12.1 A primeira ressurreição: dividida em três fases

No arrebatamento ocorre a segunda fase da primeira ressurreição, "os mortos em Cristo ressuscitarão primeiro, depois os vivos serão transformados e juntos arrebatados (Harpazo) encontrarão com o Senhor Jesus nos ares" (I Tess. 4:16-17). Paulo está dizendo que Jesus descerá do céu até às nuvens. Os escolhidos, vivos e os ressurretos que morreram em Cristo serão arrebatados, e juntos subirão a encontrar com o Senhor entre as nuvens. Não diz que Ele está vindo. Já a segunda vinda, que ocorrerá logo após a Grande Tribulação, o próprio Senhor detalha, e diz que todos os povos o verão *vindo* (Parusia) sobre as nuvens (Mateus 24:29-30).

A primeira fase – Começou com os crentes salvos que ressuscitaram logo em seguida a ressurreição de Jesus. Trata-se das primícias dos que dormem:

> Abriram-se os sepulcros, e muitos corpos de santos que dormiam, ressuscitaram; e saindo dos sepulcros depois da ressurreição de Jesus entraram na cidade santa e apareceram a muitos (Mateus 27: 52-53).

Jesus foi a primícia das primícias, por ser o primeiro a ressuscitar. "Mas de fato, Cristo ressuscitou dentre os mortos, sendo ele as primícias dos que dormem" (l Coríntios 15:20).

A segunda fase – ocorrerá no arrebatamento da Igreja, é uma continuação da primeira. São todos os que morreram em Cristo desde a fundação da Igreja no primeiro século.

> Porquanto o Senhor mesmo, dada a sua palavra de ordem, ouvida a voz do arcanjo, e ressoada a trombeta de Deus, descerá dos céus, e os mortos em Cristo ressuscitarão primeiro; depois nós, os que ficarmos vivos, seremos arrebatados juntamente com eles entre as nuvens, para o encontro com

o Senhor nos ares, e assim estaremos para sempre com o Senhor. (I Tess. 4:16-17).

A terceira fase – está reservada para os mártires, que vieram da grande tribulação e lavaram suas vestes com o sangue do cordeiro.

> São estes os que vêm da grande tribulação, lavaram suas vestiduras e as branquearam no sangue do Cordeiro (Ap. 7:14).

> Vi ainda as almas dos decapitados por causa do testemunho de Jesus e da palavra de Deus [...] e não adoraram a besta, nem tampouco a sua imagem, e não receberam a sua marca [...] e viveram e reinaram com Cristo durante mil anos. (Ap. 20:4-5).

Também, os justos de todos os tempos e as duas testemunhas de Deus que profetizaram nos últimos três anos e meio, mas que foram mortas pelo anticristo fazem parte da terceira fase da primeira ressurreição.[124] Deus enviou um espírito de vida sobre cada um deles e reviveram. Em seguida foram chamados para o céu. (Ap. 11:3-12).

12.2 A segunda ressurreição

Mil anos divide a primeira da segunda ressurreição. A primeira que é dividida em três fases, diz respeito à Igreja (os crentes em Cristo), aos mártires (os que morreram na tribulação) e os justos (os crentes em Deus) salvos de todos os tempos. A segunda ressurreição é destinada aos ímpios de todos os tempos: "Os restantes dos mortos não reviveram até que se completasse os mil anos" (Daniel 20:5). Esse evento ocorrerá no final do milênio, e todos esses ressurretos passarão pelo juízo de Deus, diante do trono branco para serem julgados "[...]. E os mortos foram julgados, segundo suas obras, conforme o que se achava escrito nos livros" (Apocalipse 20:12).[125]

---

[124] PERSONA, Mario. A Primeira Ressureição: Dividida em Três Fases. **O Evangelho em Três Minutos,** [s. l.], [20--]. Disponível em: https://www.3minutos.net/2013/11/516-tres-estagios.html. Acesso em: 2 fev. 2022.

[125] ESTUDOS DO FIM. Segunda Ressureição – Quando? **Estudos do Fim,** [s. l.], 7 jul. 2018. Disponível em: https://estudosdofim.org/segunda-ressurreicao/. Acesso em: 2 fev. 2022.

12.3 O arrebatamento e a segunda vinda de Jesus são secretos?

Há divergência de opiniões entre pós e pré-tribulacionistas quanto ao arrebatamento e segunda vinda do Senhor, se será secreto ou não, se vai ser silencioso ou barulhento. Para nós, é uma questão simples de entender, Jesus disse: "Vigiai, pois, não sabeis o dia nem a hora" (Mateus 25:13). Aqui, Ele fala sobre o arrebatamento aos seus discípulos. Segundo o Dicionário de Português Priberam, secreto é o que se conserva oculto, ignorado. É aquilo que a ninguém deve ser revelado, é sigiloso. Sabemos que Ele virá, mas o dia e a hora não nos foi revelado, então é segredo! "O dia do Senhor virá como ladrão de noite" (I Tess. 5:2).

Ninguém espera por um ladrão em sua casa, pois ele chega de surpresa, não vai tocar a trombeta para avisar: "...se o pai de família soubesse a que hora viria o ladrão, vigiaria [...]" (Mateus 24:43). Nesse texto Paulo não está se referindo à forma em que Jesus virá para arrebatar sua Igreja: "Mas a respeito daquele dia e hora ninguém sabe, nem os anjos do céu, nem o Filho, senão o Pai" (Mateus 24:36). Isso é secreto. Está escrito que tanto no momento do arrebatamento como na sua vinda na terra, a trombeta vai soar. "Num momento, num abrir e fechar de olhos, ao ressoar da última trombeta. A trombeta ressoará, os mortos ressuscitarão incorruptíveis, e nós seremos transformado", (I Coríntios 15:52). Não podemos confundir barulho com o secreto. Haverá som de trombeta no dia do arrebatamento, mas somente os crentes ouvirão. Porém na segunda vinda de Jesus todos ouvirão, mas ninguém sabe quando, pois é segredo. Paulo está dizendo que não será em silêncio, haverá um som de trombeta, mas isso não anula o fato de ser secreto.[126]

12.4 Quando vão acontecer o arrebatamento e a segunda vinda?

A maioria defende que o arrebatamento vai acontecer antes do período de sete anos da grande tribulação, que é o caso dos dispensacionalistas, também chamados de Pré-Tribulacionistas. Segundo eles, trata-se de um evento iminente, ou seja, pode acontecer a qualquer momento, e que vai marcar o tempo da segunda vinda de Jesus com a contagem regressiva de sete anos, concernente ao período do governo do anticristo. Porém os defensores da linha de pensamento Mid-Tribulacionista acreditam que o

---

[126] EQUIPE ESTILO ADORAÇÃO. O Arrebatamento da Igreja Será Secreto? **Estilo Adoração**, [s. l.], [201-]. Disponível em: https://estiloadoracao.com/o-arrebatamento-da-igreja-sera-secreto/. Acesso em: 2 fev. 2022.

arrebatamento da Igreja, ocorrerá na metade do período dos sete anos. Isso faz sentido. O próprio contexto da Grande Tribulação fundamenta esse entendimento, Jesus disse: "Não tivessem aqueles dias sido abreviados, ninguém seria salvo, mas por causa dos escolhidos, tais dias serão abreviados" (Mat. 24:22). Muita gente acha que os dias ficarão menores, vão passar mais rápido nesse período — não é isso! Veja que a interpretação é literal.

Abreviar é o mesmo que resumir ou reduzir, não está falando em reduzir os dias, mas resumir o tempo de duração das tribulações. Eu posso resumir um texto sem reduzir a página.

Jesus não está aqui falando em abreviar o tempo cronológico, mas reduzir o tempo de duração dos eventos atribulador. Significa que o tempo de angústia que seria de sete anos foi resumido em três anos e meio, porquanto, fosse sete anos, "ninguém seria salvo". Para o Mid-Tribulacionismo, a Igreja passará pelos primeiros três anos e meio da grande tribulação que será um período de paz, e será arrebatada no final desse primeiro período. O contexto sobre a Grande Tribulação aponta que o anticristo vai governar por sete anos, e fará um acordo com muitos para fazer um governo de paz por sete anos. Isso favorecerá aos judeus na construção do terceiro Templo, e os permitirá fazer sacrifícios e ofertas, mas quebrará o acordo na metade do tempo. "Ele fará firme aliança com muitos, por uma semana, na metade da semana, fará cessar o sacrifício e a oferta de manjar [...]" (Daniel 9:27). Após quebrar o acordo, ele se oporá e se levantará contra tudo que estiver relacionado a Deus, assentará como Deus, no Templo de Deus, querendo parecer Deus, proibirá aos Judeus os sacrifícios e as ofertas. "O qual se opõe e se levanta contra tudo que se chama Deus, [...] se assentará como Deus no Templo de Deus, querendo ser igual a Deus" (II Tess. 2:4). O anticristo governará, porém sem se revelar porque o Espírito Santo o detém, mas fará isso no tempo determinado. "E agora vós sabeis o que o detém, para que a seu próprio tempo seja manifestado" (II Tess. 2:6). No final dos três anos e meio de paz, será permitido ao anticristo se manifestar Paulo diz que a segunda vinda de Jesus "não ocorrerá sem que antes venha a apostasia e seja manifestado o filho da perdição" (II Tess. 2:3).

O período da Grande Tribulação será de sete anos dividido em duas fases (Daniel 12:7). Três anos e meio de paz (falsa paz), e três anos e meio de angústia. O Mid-Tribulacionismo defende que a Igreja passará pela primeira fase e conhecerá o homem, a pessoa do anticristo. Após quebrar acordo, ele vai se revelar, então ocorrerá o arrebatamento e, logo em seguida, iniciar-se-á uma repentina perseguição e destruição. Paulo diz: "Pois que, quando disserem: Há paz e segurança, então, lhes sobrevirá repentina destruição, [...] e de modo nenhum escaparão" (I Tess. 5:3,).

No arrebatamento, "os salvos que estiverem mortos ressuscitarão incorruptível e os vivos serão transformados e arrebatados juntos, para o encontro com o Senhor nos ares" (l Tess. 4:17) e (l Coríntios 15:51-52). Na segunda vinda, Jesus descerá à Terra com os santos ao som de trombetas e todos os povos da Terra o verão (Mateus 24:30). Urge estarmos preparados. A segunda vinda de Jesus e o arrebatamento são um único evento, porém distintos, dividido em duas fases. Não são duas vindas como muita gente pensa, e ocorrerão em tempos diferentes. O arrebatamento ocorrerá antes da grande tribulação, a segunda vinda, depois da grande tribulação.

Não encontramos na bíblia textos que enfatizam, com clareza, quando vai acontecer o arrebatamento,[127] mas o Senhor Jesus nos deixou muitas informações sobre as sequências de acontecimentos e sinais que haveriam de ocorrer nos últimos dias. Por esses sinais, podemos nos posicionar no tempo e entender hoje o quanto estamos perto do arrebatamento da Igreja e da segunda vinda de Jesus. Em respostas à pergunta de seus discípulos e seguidores no seu sermão do monte das Oliveiras narrado no capítulo 24 e 25, de Mateus, Ele fala dos acontecimentos futuros e sinais que precederão o arrebatamento da Igreja, bem como da sua segunda vinda. E os caracteriza como princípios de dores, e disse: "Assim também quando virdes todas estas coisas, sabei que está próximo, às portas" (Mateus 24:33).

12.5 A volta de Cristo e o arrebatamento, o mesmo evento em duas fases

Sabemos que o período da grande tribulação é de sete anos, dividido em duas fases de três anos e meio, porém a grande tribulação se dará na última fase. Sendo assim, os deixados para trás conhecedores das escrituras que passarem por ela saberão, não o dia nem a hora, mas o tempo da segunda vinda de Cristo. Esse tempo poderá ser contado a partir do arrebatamento, mesmo que aconteça na metade dos sete anos como acreditam alguns.

---

[127] RESPOSTAS BÍBLICAS. Quando Será o Arrebatamento da Igreja? **Respostas Bíblicas**, [s. l.], 2014. Disponível em: https://www.respostas.com.br/o-que-a-biblia-diz-sobre-o-arrebatamento/. Acesso em: 2 fev. 2022.

Precisamos entender que, quando Jesus fala da sua vinda, refere-se também ao arrebatamento, uma vez que a segunda vinda e o arrebatamento são o mesmo evento, só que dividido em duas fases. Não é preciso estar escrito a palavra "fase" para entendermos que há um contraste entre o arrebatamento e a segunda vinda de Cristo. Na primeira fase, Jesus virá para encontrar com sua noiva, a Igreja, nos ares (I Tess. 4:15-17). O Senhor prometeu voltar para buscar seus discípulos — sua Igreja (João 14:1-3). Encontramos uma ilustração do arrebatamento em Mateus 25, na parábola das dez virgens, em que o noivo veio buscar sua noiva. Na segunda fase, Ele virá, pisará na Terra com seus escolhidos, destruirá o anticristo e o falso profeta, aprisionará satanás e estabelecerá seu reino milenar. O arrebatamento e segunda vinda de Cristo são um só evento, dividido em duas fases distintas.[128]

No contexto desses capítulos, Jesus respondendo a perguntas de seus discípulos, (não ao povo) Vs. 7 e 8 de Lucas 21, e adverte-os quanto aos acontecimentos que precederá o arrebatamento e sua segunda vinda, designado como "princípio de dores".

> Quando ouvirdes falar de guerras e rumores de guerras, não vos assusteis, pois é necessário que primeiro aconteça estas coisas, mais ainda não é o fim. Levantar-se-á nação contra nação, reino contra reino, haverá grandes terremotos, epidemias e fome em vários lugares, coisas espantosas, e também grandes sinais no céu (Lucas 21:9-11).

---

[128] SIMMONS, T. P. As Duas Fases da Vinda de Cristo. **Palavra Prudente**, [s. l.], 3 nov. 2015. Disponível em: https://palavraprudente.com.br/biblia/teologia-sistematica-t-p-simmons/capitulo-40-as-duas-fases-da--vinda-de-cristo/. Acesso em: 2 fev. 2022.

13

CONCEITO DE UMA GERAÇÃO

13.1 O que é uma geração?

"Em verdade vos digo que não passará *esta* geração sem que tudo isto aconteça" *(Lucas 21:32-34)*. Mas de qual geração Jesus está falando? Alguns estudiosos acreditam que Jesus está se referindo à geração dos judeus, uma vez que geração significa "raça" (não passará esta raça de judeus...). Outros ensinam que Ele está se referindo ao tempo de vida do homem que é de 70 anos, como uma geração para ilustrar o tempo de vida frutífera da figueira (Israel), como um sinal que antecede sua vinda. Veja que o pronome *"esta"* está no tempo presente. Jesus aqui está se referindo à geração do seu tempo!

O conceito de geração é muito relativo. Uma geração pode referir-se a um povo, ou nação que traz um predicado, ou uma característica marcada pela cultura ou costumes de uma determinada era ou época.[129] Pode ser um povo ou nação, da linhagem de seus antepassados como a geração de Adão, de Noé, de Abraão, Isaque. Ou um clã, como as doze tribos geradas a partir de Jacó, que viveram em períodos e culturas diferentes, por tempos mais curtos ou mais longos, porém cada linhagem traz um traço próprio e distinto, (Salmo 78:8). Pode ainda ser parte de um grupo ou de um povo de comportamento incomum, como no caso dos homens de 20 anos, que haviam saído do Egito e morreram no deserto, Deus os definiu como uma geração má (Números 32:13). Nesse caso, foi parte de um povo, caracterizadas pela desobediência e maldades (Números, 32:1-12). De acordo com o contexto histórico, uma geração pode ser definida por grupos, ou povos da mesma faixa etária, ou que convivem com geração de faixas etária diferentes, formando uma só geração. Essas gerações são marcadas por comportamento, por costumes, ou pela cultura social também diferentes. Por exemplo, sou da geração em que havia mais reverência na Igreja no momento do louvor. Não havia telão. Usávamos

---

[129] CONCEITO DE. **Conceito de Geração.** 2013. Disponível em: https://conceito.de/geracao. Acesso em: 2 fev. 2022.

o cantor cristão. Um regente conduzia os cânticos, com a participação de toda a Igreja e de um lindo coral formando uma só voz. Essa cultura, porém, não acompanhou a geração jovem que se seguiu. O som das guitarras, das baterias, as gingas, luzes coloridas e intermitentes, passou a fazer parte de uma nova tendência. Surgiu, então, uma nova geração de louvores, com a qual a minha geração convive.

Ao dizer "não passará **esta** geração sem que tudo isto aconteça" (Lucas 21:32), Jesus não está estabelecendo que uma geração é de 70 anos. Não está escrito na bíblia que uma geração é de 70 anos, mas que a vida do homem é de 70 a 80 anos (Salmo 90:10). A interpretação do contexto bíblico indica que Jesus se referiu à geração de Judeus do seu tempo. Jesus e a igreja pertencem à última das 14 gerações. Essa geração iniciou na deportação da Babilônia e deveria durar até Cristo (Mateus 1:17). Nesse caso, Ele e todos os judeus do seu tempo estavam vivendo aquela mesma geração, quando determinou: "[...] não passará *esta* geração sem que tudo isto aconteça". Está dizendo que aquela geração, a geração de judeus só terminaria após acontecimentos proféticos do ano 70, dos sinais do fim dos tempos e da Grande tribulação. Podemos confirmar isso em Daniel 9:26. Parte das 70 semanas de Daniel se cumpriu na tribulação do ano 70 e continua se cumprindo, terminando no fim dos sete anos da grande tribulação, ao concluir a última das 70 semanas da última geração. A Igreja faz parte da última geração de Cristo, porquanto são filhos de Deus todo aquele que aceita Jesus como Senhor e Salvador, "Mas, a todos quantos o receberam, deu-lhes o poder de serem feitos filhos de Deus [...]" (João 1:12). "E se somos filhos, somos também herdeiros, herdeiros de Deus e co-herdeiros com Cristo Jesus" (Romanos 8:17). Essa geração, assim como a geração dos judeus, termina ante a segunda vinda de Jesus. Foi por isso que Ele disse: "[...] não passará **esta** (tempo presente) geração, sem que tudo isto aconteça".[130]

13.2 Sinais do fim

Mateus 24 e 25 nos mostra que há sinais profetizados por Jesus que já se cumpriram, que estão se cumprindo e outros que ainda vão se cumprir. Muitos refutam a ideia de que os acontecimentos de hoje sejam sinais proféticos que indica o fim dos tempos e replicam: "estes sinais

---

[130] GOT QUESTIONS. Quanto Tempo Dura Uma Geração na Bíblia? **Got Questions,** [s. l.], [20--]c. Disponível em: https://www.gotquestions.org/Portugues/geracao-na-Biblia.html. Acesso em: 2 fev. 2022.

sempre aconteceram". Cristãos de todas as eras do cristianismo esperavam a volta do Senhor em seu tempo, por causa dos sinais que ocorriam na sua geração. Assim como eles, nós, os crentes de hoje, devemos viver cada dia no Senhor como se fosse o último aqui na terra. É comum ouvir alguém dizer: "Esses sinais sempre existiram" quando falamos sobre esse assunto, mas há três fatores importantes que devemos considerar.

Primeiro: esses sinais vêm intensificando nos últimos 100 anos em diversos lugares no mundo. Pestes, catástrofes (incêndios, tsunamis, terremotos, vulcões), guerras e rumores de guerra, nação contra nação, e fomes em vários lugares. Esses acontecimentos estão se intensificando nos dias de hoje, bem diante de nossos olhos, como o covid-19, em 2020.

Segundo: a figueira, símbolo do Estado de Israel. Jesus traz uma mensagem significativa sobre Israel ao contar a parábola da figueira. Como um relógio, ela marca o início do fim dos tempos e aponta para o arrebatamento da Igreja e para segunda vinda do Senhor Jesus, nessa geração. Mas que geração? A última, das 14 gerações citado em Mateus 1:17. É a essa geração que Jesus se referiu quando disse que não passaria sem que antes acontecesse todos aqueles sinais narrado em (Lucas 21:9-11). Para os Judeus, quando uma árvore começasse a brotar, era sinal de que estava próximo o verão.

Assim como uma figueira, Israel brotou. Ressurgiu em 1948 como um sinal do fim dos tempos e da segunda vinda de Jesus. Os que viverem nesse período presenciarão esses acontecimentos. Os que vivem hoje, passados 40 anos, podem testemunhar que ela não só brotou, mas floresceu. Consolidou-se como nação e se destaca em ciência e tecnologia avançadas. Está sendo preparada para produzir frutos. Que frutos? O reconhecimento de Jesus como o messias pelos remanescentes judeus.

Terceiro: avanço da ciência. "E tú Daniel, fecha estas palavras e sela esse livro até o fim do tempo [...]" (Daniel 12:4). Esse sinal é irrefutável, não há como negar. É visível o avanço e velocidade do conhecimento nos dias de hoje.

Há menos de 100 anos, o meio de transporte do homem era o cavalo e o trem a vapor por terra; e o barco, por água. Até 60 anos atrás, os principais meios de comunicação e informação era o rádio, o jornal, o telégrafo e o telefone — mesmo assim eram poucos os que tinham aparelho de telefone instalado em casa. O meio de comunicação mais popular era por meio de cartas escritas à mão, enviadas pelos correios. A televisão surgiu na primeira metade do século XX. A câmera digital e o celular surgiram na década de 1990. O celular foi aberto para comercialização há 30 anos apenas. Até 20 anos atrás, o fax era um meio moderno de enviar uma mensagem. O computador era de uso exclusivo para fins governamentais e científico, foi disponibilizado para fins comerciais somente na década de 1990. Desde então, a máquina de escrever caiu em desuso. A internet foi criada há menos de 60 anos na segunda metade do século XX, mas começou a evoluir comercialmente há menos de 40 anos, em países evoluídos industrialmente. O Google foi criado há menos de 30 anos, em 1998. O avanço da ciência e o aparecimento de novas tecnologias tem se multiplicado em uma velocidade surpreendente, sendo a inteligência artificial a mais recente.

O 5G já está disponível em vários países. Em 2021, isso já é uma realidade. "Agora vim para te fazer entender o que há de suceder ao teu povo nos últimos dias, porque a visão se refere a dias ainda distantes, muitos correrão de um lado para o outro e a ciência se multiplicará" (Daniel 10:14). A viagem a cavalo foi substituída por carros modernos, e por trens-bala que podem chegar a uma velocidade de 430 km/h, ou até 600 km/h no caso do trem chinês que utiliza de força magnética (*maglev*) e desliza sobre trilhos. O barco a vapor foi substituído por navios modernos e barcos velozes. O homem moderno se desloca de uma país para o outro, em questão de horas, vão e vêm em aviões a jato e supersônico. A tecnologia moderna leva o homem ao espaço. Está presente na indústria, no campo, na saúde, na educação e na segurança do cidadão. A internet hoje é o principal meio de comunicação, uma ferramenta usada para interação imediata entre pessoas e empresas no mundo inteiro. Os equipamentos de comunicação vêm com tecnologias cada vez mais avançadas. As pessoas se interagem em questão de segundos pelas redes sociais, por meio de um parelho celular ou *laptop* cada vez mais modernos. Observe que a evolução de toda essa tecnologia vem ocorrendo somente a partir dos anos 1990. Essa profecia foi escrita por Daniel entre 530 e 540 a.C., segundo os estudiosos, e está se cumprindo agora. Esses sinais apontam para o início do tempo que marca o período da grande tribulação, seguido da segunda vinda de Jesus.[131]

---

[131] MONTE, Marcos. A Ciência se Multiplicará. **Gospel Mais,** [*s. l.*], 5 out. 2016. Disponível em: https://estudos.gospelmais.com.br/ciencia-se-multiplicara.html. Acesso em: 2 fev. 2022.

13.3 A Nova Ordem Mundial

Não há como negar que vivemos hoje tempos do fim, predito pela bíblia. É perceptível a ação de oligarquias secretas preparando o caminho para uma Nova Ordem Mundial. Segundo a ECAM, "uma organização que atua pela integração entre o desenvolvimento socioeconômico e o equilíbrio ambiental", a cúpula das Nações Unidas reuniu-se em Nova York em 2015, com representantes de 193 países membros, os quais criaram a agenda 2030 e estabeleceram 17 objetivos de desenvolvimento sustentável e 169 metas. É um projeto ambicioso, que visa desenvolvimento sustentável social, econômico e ambiental. Criado para erradicar a pobreza, acabar com a fome, assegurar o bem-estar e saúde, promover o crescimento econômico e sustentável, emprego a todos, diminuir a desigualdade entre países, dentre outros. Os países que participaram do acordo terão 15 anos para atingir a meta.[132]

Não é preciso ser expert em economia global para saber que essas metas jamais serão cumpridas na sua totalidade, uma vez que, na maioria dos países no mundo, predomina o capitalismo. Nem precisa ser especialista em escatologia bíblica pra entender que esse projeto vai de encontro com as profecias bíblica do fim dos tempos. O V Relatório Luz da Sociedade Civil de Desenvolvimento Sustentável 2021, da Agenda 3030 da ONU aponta que o Brasil não apresentou avanço nas 169 metas da ONU, muito pelo contrário, em mais da metade delas houve retrocesso, diz o relatório.[133]

A agenda 2030 aparece mais como um subterfúgio, uma desculpa da cúpula da ONU para dar origem e transição para uma nova ordem mundial e formação de um governo único. No momento certo a máscara da agenda 2030 será removida, então será revelado um novo projeto com base nos relatórios apresentados: a Nova Ordem Mundial. Ao contrário das previsões da ONU, "Jesus disse que no final dos tempos haverá fome, doenças, guerras, desastres naturais, caos no mundo. Num tempo conhecido como princípio das dores", (Mateus 24:7-8). Essa profecia não vai mudar![134]

---

[132] ECAM. O que é a agenda 2030 e quais os seus objetivos. **Blog ECAM**, [*s. l.*], 2017. Disponível em: http://ecam.org.br/blog/o-que-e-a-agenda-2030-e-quais-os-seus-objetivos/#:~:text. Aceso em: 08 maio 2022.

[133] RELATÓRIO LUZ 2021. O Retrato do Brasil em 2021: um país em Retrocesso Acelerado. V Relatório. **brasilnaagenda2030**, 2021. Disponível em: https://brasilnaagenda2030.files.wordpress.com/2021/07/por_rl_2021_completo_vs_03_lowres.pdf. Acesso em 08 maio 2022.

[134] AMORIM, Rodrigo. Agenda 2030: Um projeto para uma Nova Ordem Mundial. **Blog Rodrigo Amorim**, 2021. Disponível em: https://rodrigoamorim.com.br/blog/agenda-2030-um-projeto-para-uma-nova-ordem--mundial/. Acesso em: 08 maio 2022.

É notório que governantes de vários países no mundo, assim como o Papa, já clamam por uma "Nova Ordem Mundial" e um governo único, um homem capaz de estabelecer a ordem entre os povos. Com certeza o mundo não o reconhecerá como o um assolador, a besta ou anticristo, mas os filhos de Deus o reconhecerão pelas circunstâncias dos acontecimentos daquele momento.[135] Deverá ser um homem carismático, com um grande poder de persuasão, vindo como um cordeiro, mas depois se transformando em um lobo feroz. Será concedido a ele toda supremacia para governar e fará um governo de paz (falsa paz), nos primeiros três anos e meio para enganar (II Tess. 2:9-11). É nesse período que será construído o Terceiro Templo para conquistar a confiança dos judeus. Uma moeda única mundial será criada e o dinheiro em espécie (papel moeda) deixará de existir. Na segunda metade do período dos sete anos do seu governo, uma religião única será estabelecida e todos deverão se converter a essa religião. A leitura da bíblia será proibida em qualquer lugar.

O mundo já está sendo preparado para um "novo normal", para uma grande transformação econômica, política e social e para a chegada do anticristo. Estamos no ano de 2021, a moeda virtual, digital e eletrônica já é uma realidade em transações comerciais por muitas empresas pelo mundo afora já há algum tempo. O cartão de crédito que usamos nas transações comerciais é um tipo de moeda eletrônica — quase ninguém mais usa o dinheiro em espécie nos dias de hoje. Em muitos países, sobretudo aqueles mais desenvolvidos, os bancos centrais estão se preparando para uma transição em breve, da moeda física, ou papel moeda, para uma moeda virtual. No Brasil, os jornais anunciam que o Banco Central estuda a criação de uma nova moeda digital, o E-BRL — Real digital. Especialistas na área econômica afirmam que o Pix é o primeiro passo para a substituição da moeda em espécie pelo Real digital.[136] Os maiores bancos brasileiros estão se digitalizando e já fecharam centenas de agências só no primeiro semestre de 2021 e milhares de pessoas foram demitidas, informou o site de notícias R7, em 28 de agosto de 2021.

---

[135] BULHA, Filipa. Papa Francisco Afirmou que a humanidade precisa de um "líder global". **Jornal Poligrafo,** 12 fev. 2019. Disponível em: https://poligrafo.sapo.pt/fact-check/papa-francisco-afirmou-que-a-humanida-de-precisa-de-um-lider-global. Acesso em: 08 maio 2022.

[136] LAUREANO, Rubem. Real Digital: testes pilotos pode se iniciar já em 2022. **Portal Adeca Agronegócios,** 2022. Disponível em: https://portaladeca.com/real-digital-testes-pilotos-podem-se-iniciar-ja-em-2022/#:~:-text=. Acesso em: 08 maio 2022.

13.4 A septuagésima semana profética de Daniel

A era da Igreja iniciou no dia de Pentecostes e encerra no arrebatamento (João 14:1-3). Mais uma prova de que a Igreja não passará pela grande tribulação está no livro de Daniel. A visão profética de Daniel referente às 70 semanas aponta para três acontecimentos envolvendo Israel. Um anjo apareceu a Daniel disse: "Setenta semanas estão determinadas **sobre o teu povo**, sobre a tua cidade, para fazer cessar a transgressão e dar fim aos pecados, expiar a iniquidade e trazer justiça eterna, [...]" (Daniel 9:24).

Segundo os eruditos, trata-se de semanas de anos, para cada semana conta-se sete anos. O primeiro evento começou a contar a partir do decreto de Artaxerxes, rei da Pérsia, no ano 457 a.C. (Esdras 7:11-13). Desde a deportação do exilio até a edificação dos muros e a reconstrução da cidade de Jerusalém, durou 7 semanas (49 anos). O segundo evento iniciou com o término da restauração de Jerusalém até a morte do ungido, que durou 62 semanas (434 anos). Então, 69 semanas se completaram com a morte de Cristo. Esses dois eventos já se cumpriram. O terceiro e último evento, a última semana (7 anos), ainda não aconteceu, está em curso e cumprirá na grande tribulação. Esse longo período que se segue é o período da Igreja. Segundo a maioria dos estudiosos o período da grande tribulação refere-se à última semana que falta para completar as 70.[137] Como podemos ver, o contexto histórico bíblico não deixa dúvida, essa é uma prova de que a Igreja não passará pela grande tribulação. Veja novamente o que disse o anjo à Daniel: "Setenta semanas estão determinadas sobre o teu povo [...]", (Daniel 9:24). Sobre quem estão determinadas? Sobre Israel! Os sete anos da Grande tribulação faz parte ainda das 70 semanas, diz respeito a Israel e não à Igreja! Após o arrebatamento, os que ficarem para trás terão outra chance de serem salvos, mas deverão se arrepender, confessar a Jesus e negar a receber a marca da besta, porém pagarão o preço com a própria vida (Apocalipse 20:4). Estes ressuscitarão na segunda vinda de Jesus na Terra e fazem parte da terceira e última fase da primeira ressurreição.

De acordo com o contexto histórico a grande tribulação é a configuração, uma extensão e natureza do quarto animal representado pelo Império Romano, e último estágio das tribulações, quando Satanás tentará concluir seu projeto de dominação do mundo, iniciado com Ninrode. Agora, sua prioridade é perseguir e destruir o povo santo iniciada no primeiro século, contra judeus e cristãos, por meio de imperadores

---

[137] CABRAL, Zélio. **A septuagésima semana de Daniel**. São Paulo: Editora Club dos Autores, 2019.

romanos e estabelecer seu império mundial. Nero, assim como os demais imperadores, fora uma espécie de anticristo. Satanás demonstrou por eles um pouco do que fará na grande tribulação, a septuagésima e última semana que falta, usando o verdadeiro anticristo.

13.5 A tribulação do ano 70 d.C.

Estudiosos da bíblia dizem que, a narrativa no livro de Mateus foi direcionada aos judeus da época.

Observe que Mateus descreve a mensagem de Jesus com ênfase aos judeus, cujo objetivo é destacar que Jesus é o messias prometido nas escrituras dos profetas. Mateus, no capítulo 24, foca no relato de Jesus sobre os sinais do fim dos tempos, e sobre a sua segunda vinda, enquanto Lucas, no capítulo 21, traz mais detalhes. Lucas separa os acontecimentos e tribulações do ano 70, do princípio de dores e da grande tribulação do fim dos tempos. No capítulo 21:7-11, assim como Mateus, Lucas descreve a narrativa de Jesus sobre os sinais do fim dos tempos, sobre o princípio de dores que precederão a grande tribulação, e da sua segunda vinda. Observe que Ele diz: "[...] mas o fim não será logo", (Lucas 21:9). Já no versículo 12-24, ele descreve os acontecimentos do ano 70. Precisamos ter em mente que as explicações de Jesus na bíblia, narradas pelos evangelistas, não estão numa ordem cronológica.

Jesus disse que *antes* dessas coisas (dos sinais do fim dos tempos e da grande tribulação) acontecerem, eles (seus discípulos e seguidores) haveriam de passar por aflições. E narra os acontecimentos contra os cristãos que ocorreriam no ano 70. Seriam atribulados, perseguidos, levados à presença de reis e governadores por causa do Seu nome. Veja: *"Antes,* porém de todas estas coisas, lançarão mão de vós, e vos perseguirão, entregando-vos às sinagogas e cárceres, levando-vos à presença de reis e presidentes" (Lucas 21:12*).* "De todos sereis odiados por causa do meu nome" (Vs. 17). Essa profecia já se cumpriu. Isso ocorreu, no ano 70 d.C. e perdurou até o final do século III. No versículo 20-24, Jesus faz um alerta e prediz a invasão de Jerusalém, sitiada pelo exército romano comandado pelo general Tito (ocorrido no ano 70 d.C.), conforme a profecia de Daniel, (9:26).[138]Trata-se de uma tribulação que judeus e

---

[138] A12.COM. Tropas do General Tito Tomam a Cidade de Jerusalém. **A12.com,** [*s. l.*], 19 jan. 2019. Disponível em: https://www.a12.com/redacaoa12/historia-da-igreja/tropas-romanas-do-general-tito-tomam-a-cidade--de-jerusalem. Acesso em: 2 fev. 2022.

cristãos haveriam de passar, mas não é ainda a Grande tribulação do fim dos tempos: é um prólogo da grande tribulação, também citada por Jesus em Mateus 24:21. Lucas, no capítulo 21, faz um resumo dos acontecimentos proféticos citados por Jesus. Mateus, nos capítulos 24 e 25, registra a mesma narrativa, mas com foco na segunda vinda de Cristo, porém a narrativa de Lucas vem mais detalhada. Do verso 8 ao 11, ele descreve o princípio de dores do fim dos tempos. Mas do verso 12 ao 19, relata os acontecimentos do ano 70 contra os cristãos. Do verso 20 ao 24, Lucas relata acontecimentos contra os judeus no ano 70. Do verso 25 ao 36, ele alerta para vigilância e para a segunda vida de Jesus.

Veja que interessante! Os acontecimentos da grande tribulação é uma repetição da tribulação do ano 70, só que muito maior e mais aterrorizante! Os dois relatam o mesmo episódio, numa demonstração de que os acontecimentos dos três primeiros séculos vão continuar, e só vão terminar no fim da Grande tribulação. Veja o que Daniel disse: "Depois de sessenta e duas semanas será morto o ungido e não estará, e o povo de um príncipe que há de vir destruirá a cidade [...], **e até ao fim** haverá guerra, desolações são determinadas. (Daniel 9:26). "E o povo de um príncipe que virá". Refere-se ao exército formado por homens de várias partes do mundo, comandado pelo anticristo (o príncipe). Segundo Mateus 24:20-21, esse fato ocorrerá no fim da grande tribulação do fim dos tempos quando o anticristo invadirá e destruirá Jerusalém. Veja que o mesmo episódio ocorreu no ano setenta, segundo Lucas 20:21-24 com base na profecia de Daniel: "O povo de um príncipe que virá". Lucas está se referindo ao exército comandado pelo general Tito que, como o anticristo, também se tornou um governante. Invadiu e destruiu Jerusalém no ano 70, destaque para o versículo 24: "Cairão a fio de espada e serão levados cativos para todas as nações; e, até que o tempo dos gentios se completem, Jerusalém será pisada por eles" (Lucas 21:24). Veja que Mateus e Lucas relatam episódio semelhantes, só que Lucas relata esses acontecimentos para o ano 70 d.C. e Mateus para o fim dos tempos (Mateus 24:3-14).

13.5.1 Israel, a figueira sem frutos secou

Marcos relata em seu livro que Jesus saiu de Betânia de manhã e seguiu para Jerusalém. Enquanto caminhava teve fome, "vendo uma figueira à beira do caminho aproximou-se dela e não tendo achado nela frutos senão folhas, determinou: "Nunca jamais coma alguém fruto de ti!" (Marcos 11:12-14). E ela secou-se desde a raiz (Marcos 11:20). Jesus usou esse acontecimento como uma ilustração para passar a seus discípulos dois ensinamentos: primeiro, para mostrar a hipocrisia do povo e de suas lideranças. Mostrar a condição da Israel de então e suas posições negativas na condução da obra de Deus, bem como suas consequências futuras. O segundo ensinamento é para mostrar o poder da fé (Marcos 11:23-24). Jesus ressalta a importância de a figueira (Israel) dar frutos. Israel deveria ser o referencial de bênção para o mundo como um povo eleito. Uma figueira coberta por muitas folhas era sinal de haver frutos nela, mas nessa figueira não havia, era uma árvore frondosa, mas não tinha frutos. Semelhantemente, Israel tinha um templo com uma estrutura grandiosa, era um povo religioso, líderes judaicos viviam de aparências, mas enganosa, não apresentavam frutos do amor de Deus em suas vidas. Era normal uma figueira em Israel produzir frutos fora do tempo, principalmente se estivesse coberta por muitas folhas, mas não encontrando frutos nela, Jesus a amaldiçoou.

Jesus havia saído do templo quando seus discípulos aproximaram dele para lhe mostrar a grandiosidade das estruturas do templo. "Ele, porém, lhes disse: Não vedes tudo isso? Em verdade vos digo que não ficará pedra sobre pedra que não seja derribada" (Mateus 24:2). Isso ocorreu no ano 70 d.C., como já dissemos antes. Jerusalém foi sitiada pelo exército romano comandado pelo General Tito, destruiu o templo e conquistou a cidade numa batalha sangrenta. Milhares de Israelitas morreram, muitos dispersaram-se por toda a terra, e os que ficaram foram submetidos ao domínio de outras nações (Lucas 21:24), à semelhança da figueira que tinha muitas folhas, que, por não produzir frutos, secou até a raiz, suas folhas caíram e muitas foram levadas pelo vento. Da mesma forma Israel, a Figueira Frondosa, que por não produzir em seu coração frutos do amor de Deus rejeitou o Messias por Ele enviado, deixou de existir como Estado e muitos israelitas espalharam-se pelo mundo como folhas secas levadas pelo vento.[139]

13.5.2 Israel, o maior sinal da vinda de Jesus

No sermão do Monte das Oliveiras, O Senhor falava sobre os sinais que haveriam de anteceder no fim dos tempos, quando seus discípulos

---

[139] FRUTOS DO ESPÍRITO ESTUDOS BÍBLICOS. A Figueira sem Frutos (Mateus 21:18-22). **Fruto do Espírito Estudos Bíblicos**, [s. l.], 29 maio 2018. Disponível em: https://frutodoespiritoestudosbiblicos.wordpress.com/2018/05/29/a-figueira-sem-frutos-mateus-2118-22/. Acesso em: 2 fev. 2022.

lhe perguntaram em particular: "[...] dize-nos quando sucederão estas coisas, e que sinal haverá da tua vinda e do fim do mundo?" (Mateus 24:3). Dando como exemplo a figueira, Jesus respondeu: "Aprendei, pois, a parábola da figueira: quando já os seus ramos se renovam e as folhas brotam, sabeis que está próximo o verão. Assim também vós quando virdes estas coisas, sabei que está próximo, às portas" (Mateus 24:32-33). Para muitos, a figueira simboliza o Estado de Israel. Jesus disse a seus discípulos que ninguém sabe o dia, nem a hora da sua vinda, mas deixou na parábola da figueira um ensinamento indubitável do quanto isso está perto. E muito mais perto ainda está o nosso encontro com Ele nos ares que ocorrerá antes. Os sinais que vemos hoje no mundo inteiro nos servem de aviso. Por isso devemos nos preparar, vivendo na presença de Deus (11 Pedro 3:14).

13.5.3 Israel, a figueira que reviveu, Mat. 24:32-44

Aquela figueira, que secou desde a raiz, reviveu. (Mateus 21:19). Talvez os apóstolos não tenham entendido naquele momento, mas ao destruir a figueira sem frutos citada em (Marcos 11:20), Jesus faz uma analogia ao que estava para acontecer com Israel. Israel deixou de ser uma nação, teve seu povo espalhado pelo mundo, humilhado e subjugado pelas nações, mas não deixou de ser o povo de Deus. "Deus não rejeitou seu povo, que antes conheceu" (Romanos 1:2). Satanás tentou destruí-los usando reis e governantes ao longo dos séculos. Somente a Alemanha Nazista exterminou seis milhões de judeus na segunda guerra mundial, entre 1939 e 1945, porém, em 1948, Israel recebeu de volta seu território e ganhou o direito de se reestabelecer-se como nação. Observe o que a segunda parábola profética que Jesus contou a seus discípulos em Mateus 24:32-44 está se cumprindo. A figueira (Israel) brotou em 1948 e já floresceu. Em apenas 70 anos, Israel tornou-se uma grande potência militar e um grande centro de desenvolvimento da ciência e tecnologia, destacando-se entre os mais desenvolvidos do mundo. A figueira que secara, reviveu.[140]

Os ensinamentos que Jesus passou a seus discípulos na parábola da figueira em "Mateus 24:32" é estendido a nós, e compara os sinais que precedem sua vinda com a consolidação de Israel como nação. Os ramos

---

[140] SHALOM ISRAEL. Sim, A figueira já floresceu. **Blog Shalom Israel**, [s. l.], 20 abr. 2018. Disponível em: http://shalom-israel-shalom.blogspot.com/2018/04/sim-figueira-ja-floresceue-como-1-parte.html. Acesso em: 2 fev. 2022.

da figueira (Israel) que renasceu em 1948 se renovam a cada dia. As folhas já brotaram e já estão florescendo. "Dias virão em que Jacó lançará raízes, florescerá e brotará Israel, e encherão de fruto o mundo" (Isaías 27:6). Esses sinais, a multiplicação da ciência profetizada por Daniel (12:4), e outros apontados por Jesus estão inegavelmente acontecendo nos dias de hoje (2022). Isso é um fato que nos revela que, em breve, muito breve, O Senhor virá entre as nuvens para o encontro com a Igreja nos ares, e em seguida voltará à Terra para colher os frutos da figueira (a conversão dos remanescentes de Israel) e implantar seu reino na terra.

13.5.4 O Senhor nos adverte: Vigiai!

O Senhor nos alerta para que não sejamos pegos de surpresa, como aconteceu no dia do diluvio, e que devemos estar de sobreaviso vigiando e orando. "Vigiai e orai porque não sabeis quando será o tempo" (Marcos 13:33). É claro que, pelo contexto de Marcos 13, entendemos que o Senhor está se referindo ao arrebatamento dos Vs. 28-37, e à Sua segunda vinda, Vs. 14-27. O senhor disse: "Assim como foi no dia de Noé também será a vinda do filho do Homem" (Mateus 24:36-37). O arrebatamento da Igreja é uma doutrina que está vinculada e antecede a segunda vinda de Jesus, separados por um período de sete anos. Em seus discursos, em nenhum momento Jesus falou claramente sobre arrebatamento, mas disse a seus discípulos que voltaria para buscá-los (João 14:2-3). Ao falar sobre sua segunda vinda, Jesus sempre fez alusão ao arrebatamento da Igreja. Não tem como separar uma coisa da outra. Podemos entender isso quando interpretamos os textos e contextos do sermão profético no capítulo 24 de Mateus; as parábolas da figueira, no Vs. 32-34; as parábolas das dez virgens, quando o Senhor as compara com o reino de Deus, Mateus 25:1-13; as parábolas dos talentos, Mateus 25:14-30; a parábola do servo vigilante, Lucas12: 35-48; capítulo 21 de Lucas e outras passagens.[141]

13.5.5 A parábola das dez virgens

A parábola das dez virgens é encontrada somente no evangelho de Mateus, (Mateus 25:1-13). Apesar de haver diferentes interpretações, a mensagem indireta que o Senhor Jesus transmitiu a seus ouvintes por

---

[141] BÍBLIA SAGRADA. Traduzida em português por João Ferreira de Almeida - Revista e atualizada no Brasil. 2. ed. Barueri: Sociedade Bíblica do Brasil, 2008.

A IGREJA DE CRISTO, ONTEM E HOJE

meio dessa parábola, tem o mesmo objetivo: fazer uma analogia com o arrebatamento da Igreja e da sua segunda vinda. No tempo de Jesus, o casamento judaico era cheio de rituais e simbologias, portanto nesse caso vamos nos ater somente no rito do noivado. Jesus aproveitou para comparar as dez virgens com o reino dos céus: "Então, o reino dos céus será semelhante a dez virgens que, tomando as suas lâmpadas, saíram a encontrar com o noivo. Cinco dentre elas eram néscias, e cinco prudentes" (Mateus 25:1-2). O contexto dessa parábola parece ter por finalidade nos alertar quanto ao tempo, forma em que Ele virá e para nos deixar de sobreaviso: "Vigiai, pois, não sabeis o dia nem a hora" (Vs.13).

No casamento judaico pelo costume antigo, o noivo se ausentava da noiva por um período para preparar um lugar na casa de seu pai, onde iriam morar. Depois disso, voltava sem especificar exatamente o dia e hora do seu retorno, a encontrar com a noiva para levá-la para as bodas (casamento). Ela deveria estar esperando por ele preparada.[142] Semelhantemente, o Senhor Jesus (o noivo) foi preparar lugar e voltará para buscar sua noiva (Igreja) encontrando com ela nas nuvens do céu, para as bodas (João 14:1-3). No Vs. 2 e 3 Jesus disse: "Na casa de meu pai há muitas moradas. [...]. Pois vou prepara-vos lugar. E quando eu for e vos preparar lugar, voltarei, e vos receberei para mim mesmo, para que, onde eu estou, estejais vós também".

13.5.6 Mantendo o azeite em nossas lâmpadas

O noivo da parábola veio ao encontro da sua noiva (representada pelas dez virgens), mas somente cinco estavam preparadas quando chegou e entraram com ele para as bodas e fechou-se a porta. Semelhantemente, Jesus (o noivo) virá ao encontro da Igreja, (sua noiva), mas entrarão com ele para as bodas somente os que estiverem preparados. As dez virgens da parábola significam pessoas convertidas, gentios ou judeus que simbolizam a noiva, à espera do noivo, cinco estavam preparadas e entraram para as bodas, mas as outras cinco não entraram porque não estavam preparadas. Essa é uma mensagem clara do Senhor aos crentes para se prepararem, porquanto, o tempo de sua volta se aproxima. Os sinais estão por todo o mundo, o que indica que o arrebatamento da Igreja e sua segunda vinda está bem perto. Paulo disse ainda que será "Num abrir e fechar de olhos" (1 Coríntios 15:52 a), ou seja, será muito rápido. O Senhor disse

---

[142] RESPOSTAS BÍBLICA. A Parábola das Dez Virgens: estudo e significado. **Respostas Bíblicas**, [s. l.], 2009. Disponível em: https://www.respostas.com.br/parabola-das-dez-virgens-significado/. Acesso em: 08 maio 2022.

que, "a respeito daquele dia e hora ninguém sabe". As noivas da parábola esperavam pelo noivo, mas não sabiam a hora da sua chegada. Tardando o noivo, elas cochilaram e adormeceram, mas, à meia-noite, hora em que elas não esperavam, alguém gritou anunciando a chegada do noivo. Assim será no dia em que O Senhor vier a encontrar com sua Igreja nos ares, "um anjo tocará a trombeta anunciando a chegada do Senhor" (1 Tess.4:16), porém somente os crentes ouvirão o som e os que estiverem preparados subirão para encontrar com Ele.

Aqueles que mantiverem o azeite em suas lâmpadas estarão preparados. Esse é o que anda no Espírito, vigia noite e dia, estuda a bíblia e age segundo a palavra de Deus, vivendo uma vida de oração. As lâmpadas das cinco noivas néscias estavam se apagando quando chegou o noivo, por haver pouco azeite. A luz estava fraca. O crente que não jejua, não ora, não lê a bíblia, torna-se fraco espiritualmente e alvo fácil para as armadilhas do inimigo, além de correr o risco de ser pego de surpresa no dia do arrebatamento. "Ide comprai para vocês azeite!", aconselhou as cinco prudentes! Estudar as escrituras, guardar a palavra de Deus no coração, permitir que o Espírito Santo nos santifique, depende somente de cada um de nós — outro não poderá fazer por nós! Eu não posso pedir a outro que faça por mim aquilo que só eu devo fazer. "[...] eis que o pecado jaz em nossa porta [...], mas cumpre a nós dominar o nosso desejo", (Gen. 4:7). Manter o azeite é manter acesa a chama do Espírito Santo, andando na presença de Deus em retidão. É ficar sóbrio, acordado e vigilante. É deixar emanar em nós a luz do Cristo Jesus (Mateus 5:14). Isso depende somente de cada um de nós. Fazer o certo ou o errado: a escolha é minha! Azeite simboliza também o Espírito Santo que habita no crente; lâmpada é a palavra de Deus revelada ao crente pelo Espírito Santo, como uma chama, uma luz para alumiar o seu caminho.[143]Não te deixará tropeçar, nem desviar do caminho da vida. Mas quem não estiver preparado, semelhante às cinco noivas imprudentes ou néscias, vai ficar para trás quando O Senhor vier. São aqueles que se dizem crentes, mas não nasceram da água e do Espírito. Querem Jesus como Salvador, mas não o querem como Senhor. Deixam de servir a Jesus, para serem escravos do mundo satisfazendo desejos carnais. Estes são os que trazem pouco azeite em suas lâmpadas.

---

[143] COSTA, Gilson Nunes da Costa. Não Deixe Faltar o Azeite. **WebArtigos**, [s. l.], 24 nov. 2016. Disponível em: https://www.webartigos.com/artigos/nao-deixe-faltar-o-azeite/147368. Acesso em: 2 fev. 2022.

14

QUEM SERÁ ARREBATADO?

14.1 Serão arrebatados os preparados, vivos e mortos

"Então, dois estarão no campo, um será tomado e deixado o outro" (Mateus 24:40). Não significa que somente metade é que será arrebatada. Está dizendo que serão arrebatados somente os vivos que, por ocasião da vinda de Jesus estiverem vivendo em comunhão com Deus, e os fiéis que estiverem mortos. Porém Deus não tem prazer na morte do ímpio, "mas que ele se converta de seus caminhos e viva" (Ezequiel 18:23). Os vivos por ocasião do arrebatamento da Igreja serão transformados. Os que morreram em Cristo preparados ressuscitarão e terão seus corpos glorificados e ambos serão arrebatados para encontrar com o Senhor nos ares (I Tess. 4:16-17).[144] Jesus disse que virá quando estivermos desapercebidos, por isso importa que andemos em Espírito e em verdade fazendo a vontade de Deus em comunhão constante. Vigiando, ou seja, orando sem cessar, crescendo no conhecimento da palavra de Deus (lendo as escrituras e guardando sua palavra). Isso significa manter acesa nossa lâmpada. Após o arrebatamento, a porta vai se fechar.

14.2 Assim como foi nos dias de Noé

Os homens no tempo de Noé ignoravam a Deus: "Viu O Senhor que a maldade do homem se havia multiplicado na terra e que era continuamente mau todo desígnio do seu coração" (Genesis 6:5). No versículo 11, diz que "a terra estava corrompida e cheia de violência". Jesus advertiu: "Pois assim como foi *nos dias de Noé, também será a vinda do filho do homem*" e

---

[144] EQUIPE BÍBLIA.COM.BR. Quem será arrebatado quando Cristo voltar? **Bíblia.com.br**, [*s. l.*], 2016. Disponível em: https://biblia.com.br/perguntas-biblicas/quem-sera-arrebatado-quando-cristo-voltar/. Acesso em: 2 fev. 2022.

> [...] nos dias anteriores ao diluvio os homens comiam, bebiam, casavam-se e davam-se em casamento, até ao dia em que Noé entrou na arca, e não perceberam, senão quando veio o diluvio, e os levou a todos (Mateus 24:37-39). E O Senhor fechou a porta da arca (Gêneses 7:16 b).[145]

Observe que já estamos vivenciando sinais de comportamento humano semelhantes aos dias de Noé. Dias que antecederam ao diluvio. Quando o pensamento moderno é dominado por ideologias, em que os valores morais éticos e sociais deixaram de existir! Paulo profetizou:

> Sabe, porém, isto: que nos últimos dias sobrevirão tempos trabalhosos; porque haverá homens amantes de si mesmos, avarentos, presunçosos, soberbos, blasfemos, desobedientes a pais e mães, ingratos, profanos, sem afeto natural, irre-conciliáveis, caluniadores, incontinentes, cruéis, sem amor para com os bons, traidores, obstinados, orgulhosos, mais amigos dos deleites do que amigos de Deus, tendo aparência de piedade, mas negando a eficácia dela" (2 Timóteo 3:15).

Nenhum conhecedor ou conhecedora da palavra de Deus, pode negar que essas coisas são um fato nos dias de hoje. Conforme dissemos antes, o arrebatamento e a segunda vinda de Jesus são um evento, divididos em duas fases distintas — não são duas vindas. Na primeira fase, ocorre o arrebatamento (*Harpazo*) e ele não descerá à terra, mas os escolhidos vão encontrar com O Senhor nos ares, entre as nuvens (I Tess. 4:16-17). Na segunda fase da Sua vinda (*Parousia*), os crentes vão retornar com Ele à Terra (Ap.19:14). Há menção de pessoas ressurretas que virão da grande tribulação (referente à última fase da primeira ressurreição), mas não há menção de arrebatamento, por ocasião da vinda de Jesus após a grande tribulação (Ap. 7:14). Mesmo porque Ele virá à terra, então não há razão para novo arrebatamento e encontro com Ele nas nuvens. O arrebatamento diz respeito à Igreja, e nessa ocasião ela terá sido arrebatada, retornando com o Senhor para a implantação do seu reino milenar na terra.

14.3 A grande tribulação e a besta que emerge do mar

Como já foi dito, a grande tribulação é a configuração, uma extensão e natureza do Império Romano e o último estágio das tribulações,

---

[145] BÍBLIA SAGRADA. Traduzida em português por João Ferreira de Almeida - Revista e atualizada no Brasil. 2. ed. Barueri: Sociedade Bíblica do Brasil, 2008.

quando Satanás tentará concluir sua obra iniciadas no primeiro século contra judeus e cristãos por meio dos imperadores. A grande tribulação antecederá a segunda vinda de Jesus (Mateus 24:29-30), referindo-se à segunda metade dos sete anos do governo do anticristo (Daniel 12:7). Será um tempo de restauração de Israel, conhecido como o dia do Senhor, tempo de angústia para Jacó, dia da ira de Deus (Jeremias 30:7-10).

Esse período será governado pelo anticristo, que fará uma aliança de paz com muitas nações (principalmente entre Israel e seus inimigos) por sete anos, mas quebrará o acordo na metade do tempo (Daniel 9:27). Será um período de grande angústia como nunca houve desde o princípio, e jamais haverá igual, "Porque nesse tempo haverá grande tribulação, como desde o princípio do mundo até agora não tem havido e nem haverá jamais" (Mateus 24:21). Nesse tempo, cristãos e judeus serão perseguidos e muitos serão mortos. Será uma repetição da tribulação do ano 70, só que muito maior. É a conclusão da profecia das 70 semanas de Daniel. Observe o que ele disse: "[...] e até ao fim haverá guerra; desolações são determinadas" (Daniel 9:26).

João viu uma besta emergir do mar. "Vi emergir do mar uma besta que tinha dez chifres e sete cabeças e, sobre os chifres dez diademas e, sobre as cabeças nomes de blasfêmia" (Ap. 13:1). Nas escrituras mar significa povos nações e línguas (Ap. 17:15). Os dez diademas significam dez coroas (reis usam coroas). Representam também dez reis (reinos), ou os dez governantes (nações), dos quais três foram abatidos (Daniel 7:24).[146] O anticristo será aquele que aparecerá no momento em que o mundo estiver em grande colapso econômico, político e social para seduzir as nações, com um plano capaz de pôr um fim aos conflitos e às angústias das nações. Conflitos mundiais normalmente resolvidos em reuniões de cúpulas, organizadas pela ONU, e formadas pelos homens mais poderosos da Terra. Certamente em uma dessas reuniões é que serão criadas as 10 nações, ou os 10 blocos políticos/econômico correspondente aos 10 chifres (10 reis) citado em Daniel, dos quais virá o anticristo estabelecendo assim uma Nova Ordem Mundial. Segundo o site "Mulher vestida de sol," o escritor "Gari Kah" relata em seu livro, *En Route to Global Occupation* ("A Caminho da ocupação Global"), que "obteve uma informação do Clube de Roma datada de 1974, em que foi proposta a divisão do mundo em 10 regiões".[147]

---

[146] CONEGERO, Daniel. As bestas do Apocalipse: Uma besta subiu do mar outra da terra. **Estilo Adoração**, 2018. Disponível em: https://estiloadoracao.com/bestas-do-apocalipse/. Acesso em: 10 maio 2022.

[147] A MULHER VESTIDA DE SOL. O mundo dividido em dez regiões. 2020. Disponível em: https://www.mulhervestidadesol.com.br/Pagina/1648/O-mundo-dividido-em-10-regioes. Acesso em 10 maio 2022.

Das dez regiões ou dez blocos, Serão escolhidos 10 governantes, mas em seguida passarão o poder para um líder, também escolhido pela mesma cúpula. Este irá destituir três dos 10 governantes e se tornará o oitavo rei. Veja: "Os dez chifres correspondem a dez reis que se levantarão daquele mesmo reino", que reino? o quarto animal (Daniel 7:23), que simboliza o Império Romano. "e depois dele, se levantará outro (do mesmo reino), o qual será diferente dos primeiros, e abaterá a três reis" (Daniel 7:24). O anticristo virá de uma das 10 nações criadas e provavelmente seja um de origem mulçumana.

14.4 A Igreja passará pela grande tribulação?

Não, a Igreja não passará pela grande tribulação! Se olharmos pelo prisma da interpretação exegética, não teremos nenhuma dúvida em afirmar isso. Vejamos: O Senhor ordenou a João que enviasse uma mensagem à Igreja de Filadélfia dizendo: "Porque guardastes a palavra da minha perseverança, também eu te guardarei da hora da provação que há de vir sobre o mundo inteiro [...]" (Apocalipse 3:10). Paulo escreve à igreja dos Tessalonicenses e destaca o evangelismo frutífero e fiel divulgado por ela, não só na Macedônia, mas por toda a parte, tornando-se um modelo a ser seguido (I Tess. 1:5-9). Paulo ressaltou que deixassem o pecado da idolatria para servir o Deus vivo, "e para aguardardes dos céus o seu filho, a que Ele ressuscitou dos mortos", e conclui: "Jesus, que nos livra da ira vindoura" (Vs. 10).

O arrebatamento diz respeito à igreja. A grande tribulação diz respeito à Israel. A grande tribulação será um tempo de angústia para Israel, "Ah! que grande é aquele dia, e não há outro semelhante! É tempo de angústia para Jacó; ele, porém será livre dela" (Jeremias 30:7). Será também tempo de renovação, pois até o início desse tempo todos os judeus terão retornado à terra. Israel será restaurado (Ezequiel 36:24-26), o templo será reconstruído em Jerusalém e finalmente reconhecerão Jesus como o Messias prometido, (Zacarias 12:10). A igreja não passará pela grande tribulação, está escrito: "porque Deus não nos predestinou para a ira, mas para alcançar salvação mediante nosso Senhor Jesus Cristo" (I Tess. 5:9).[148]

---

[148] VIEIRA, Eloir. A Igreja e a grande tribulação. **A Gazeta News**, [s. l.], 13 jan. 2022. Disponível em: https://agazetanews.com.br/noticia/opiniao/173902/a-igreja-e-a-grande-tribulacao-por-eloir-vieira. Acesso em: 24 mar. 2022.

Na Grande tribulação, a ira de Deus está reservada também para as nações ímpias que não se arrependerem. "Trarei angústia sobre os homens, e eles andarão como cegos, porque pecaram contra o Senhor, o sangue deles se derramará como pó, e sua carne será atirada como esterco" (Sofonias 1:17).

15

O FALSO PROFETA

15.1 A besta que emerge da terra

Como já foi dito antes, o quarto animal de Daniel 7 é a besta (animal), que João viu emergir do mar em Ap. 13:1-8, e representa simbolicamente a mesma entidade. A narrativa nos dois casos relatam o mesmo aconteci-mento e aponta para o futuro, para o fim dos tempos. Esse animal (Império Romano), o quarto reino (Daniel 7:23), desapareceu em 476 d.C., mas reaparecerá figurado na pessoa do anticristo também conhecido como a besta (Ap. 13:1) para governar o mundo por sete anos. João disse que viu ainda outra besta surgir da terra: "Vi ainda outra besta emergir da terra, possuía dois chifres parecendo cordeiro, mas falava como dragão" (Ap. 13:11). Mas quem é a besta que emergiu da terra? Muita gente confunde e relaciona as duas visões, o carneiro que tinha dois chifres da visão de Daniel 8, com a besta que emergiu da terra (Ap. 13:11), que também tinha dois chifres como se retratasse o mesmo assunto, mas não é isso.

O contexto histórico bíblico indica que o Carneiro, esse sim, nas duas visões representa a mesma entidade, o diabo (primeira besta), o primeiro da trindade, o que comanda os chifres. A narrativa sobre os dos dois chifres da visão do carneiro de Daniel representa alegoricamente os reinos da Média e da Persa (Daniel 8:20). Enquanto que o relato sobre os dois chifres do carneiro da visão de João (Ap. 13:11) indica a repre-sentação de dois poderes, um político (o anticristo, a segunda besta), e outro religioso (o falso profeta, a terceira besta). Formando assim uma trindade satânica[149]. Quem é o falso profeta e de onde virá?

A besta que João viu emergir da terra (Ap. 13:11) que tinha aparência de cordeiro mas falava como dragão, possuía dois chifres. Essa besta é o falso profeta, que traz uma imagem da trindade satânica representada pelo cordeiro, o dragão, e pelos dois chifres. Esses dois chifres represen-tam dois poderes: um político, exercido por um homem (anticristo), que

---

[149] PRIMEIRA IGREJA BATISTA DE BALNEÁRIO. A Besta que Emerge da Terra. **PIBBC**, [s. l.], 2022. Disponível em: https://www.pibbc.com.br/post/a-besta-que-emerge-da-terra. Acesso em: 22 jul. 2021.

virá de entre as nações, escolhido provavelmente durante a criação da Nova Ordem Mundial. O outro será um poder religioso (o falso profeta), representado certamente por um líder supremo de uma religião por transmitir confiança às multidões de povos.[150]

Este exercerá com autoridade o papel de representante do anticristo, a besta, diante das nações. Será uma espécie de porta-voz da primeira besta, semelhante a um cabo eleitoral, um falso profeta com a permissão de fazer grandes sinais diante dos homens, para conquistar a confiança e "seduzir os que habitam na terra" (Ap. 13:13-14).

> Incumbido de fazer com que todos adorem a primeira besta, (o anticristo). Ordenará que façam uma imagem da besta, e que a besta não só fale, mas fará morrer todos os que não adorarem a imagem da besta, (o anticristo). [...] Fará ainda que lhes seja dada a todos os seus adoradores, uma marca a ser colocada sobre a mão direita ou na testa, para que estes tenham liberdade para ir e vir, pra comprar ou vender. (Ap.13:14-17).

João diz que a viu emergir da terra, mas o que significa terra? Água e mar simbolizam nações, povos e línguas (Ap. 17:15), porém a bíblia não traz referências sobre o significado de "terra" nesse caso, mas pode indicar "do meio em que vive": mesma religião (cristianismo), mesma terra (Israel), ou da mesma linhagem semitas. Estudiosos da Bíblia não têm essa resposta. Uma coisa é certa, o falso profeta deverá ser alguém religioso e se levantará de uma entidade religiosa. Fará de todas as religiões uma só no mundo.

15.2 Império Romano, o quarto animal revela o anticristo?

Para entender os capítulos 7 e 8, principalmente os versículos 20 a 27 de Daniel 7, assim como os capítulos 12, 13 e 17 do Apocalipse de João, conhecer a história do império romano vai ajudar muito. Na visão de Daniel no capítulo 7, ele fala de quatro animais que representam simbolicamente quatro reinos (Daniel 7:17), mas o que lhe chamou mais a atenção foi o quarto animal, pois era diferente dos outros três, e desejou conhecer a verdade a respeito dele (Vs.19). É sobre esse quarto animal é que vamos focar em nosso estudo. A estátua do sonho de Nabucodonosor em (Daniel 2:31) assim como os quatro animais de Daniel 7, representam também os mesmos reinos:

---

[150] CONEGERO, Daniel. Somos o Templo do Espírito Santo: O Que Isso Significa? **Estilo Adoração**, [s. l.], [201-]. Disponível em: https://estiloadoracao.com/templo-do-espirito-santo/. Acesso em: 2 fev. 2022.

- **Babilônia** – representada pela cabeça de ouro – 609 a.C. A 539 a.C.

- **Medo/Persas** – representado pelos dois braços de prata – 539 a.C. a 331 a.C.

- **Grego/macedônico** – representado pelo ventre de bronze – 331 a.C. A 168 a.C.

- **Império Romano** – representado pelas Pernas de ferro, e pés em parte de ferro e parte de barro – 168 a.C. a 476 d.C.[151]

Embora não haja consenso entre teólogos e estudiosos de escatologia na interpretação dos assuntos polêmicos, quero deixar aqui a minha linha de pensamento com base no contexto histórico-bíblico a respeito da representação figurativa do quarto animal. A história desses quatro impérios nos ajudará a identificar a figura, objeto do simbolismo usado por Daniel e João, em suas revelações nos capítulos mencionados no parágrafo anterior. O quarto animal a que se refere o profeta Daniel pode ser facilmente identificado no contexto histórico do Império Romano e aponta sua trajetória até o fim. Em Daniel 7, ele relata que viu "quatro animais grandes, diferentes uns dos outros, que subia do mar" (Vs. 3). O primeiro era como um leão, o segundo, semelhante a um urso, o terceiro, semelhante a um leopardo, e por último, viu um "[...] quarto animal, terrível e espantoso, e sobremodo forte. O qual tinha grandes dentes de ferro; e devorava, e fazia em pedaços, e pisava aos pés o que sobejava; era diferente de todos os animais que apareceram antes dele, e tinha dez chifres" (Daniel 7:7). O versículo 17 diz que os quatro animais são quatro reis (ou reino) que se levantarão da terra. A maioria dos estudiosos de escatologia concorda que esses quatro animais simbolizam os impérios: Babilônico, Medo-Persa, Grego-Macedônia e o Império Romano. Sendo assim, a profecia referente aos três primeiros reinos já se cumpriram, faltando cumprir a profecia do quarto reino, que vai se concluir na última semana, a septuagésima semana de Daniel, período da grande tribulação. Para entender melhor essa história, temos que retroagir no tempo.

---

[151] VERDADE EM FOCO. Os quatro animais simbólico e os impérios mundiais. **Verdadeemfoco**, [*s. l.*], 2017. Disponível em: https://verdadeemfoco.com.br/estudo.php?id=54. Acesso em: 10 maio 2022.

15.3 O Primeiro Triunvirato, divisão e queda do Império Grego

Para melhor compreensão, faremos um resumo da história do Império Romano desde o início. Em 338 a.C. a Macedônia venceu os gregos na batalha de Queronéia e aos poucos foram conquistando toda a Grécia. Assim, surgiu o Império Macedônico, fundado por Felipe II no norte da Grécia por volta de 336 a.C. Após sua morte, seu filho Alexandre assumiu o trono e expandiu sua área territorial. Sua maior conquista foi a vitória sobre a fortíssima Pérsia em 331 a.C., transformando a Macedônia em um grande e poderoso império. Mas durou pouco tempo, com a morte prematura de Alexandre o Grande, em 323 a.C., o reino foi dividido entre quatro de seus generais: Seleuco, Lisímaco, Ptolomeu e Cassandro.

O Império da Macedônia é também conhecido como Império Grego/Macedônico, pela ligação cultural grega e helenística, cultura que influenciou os povos de todos os territórios dominados. Os quatro reinos dessa divisão foram enfraquecidos com a ascensão da República Romana na região. No século II, ano 148 a.C., Filipe Adrisco tentou subir ao trono, mas foi deposto pelos romanos, e a Macedônia tornou-se província Romana. Assim, a Grécia chegou ao fim da sua independência, perdendo sua autonomia em 146 a.C.[152] Aos poucos, todos os reinos helenísticos foram conquistados pelos romanos entre os séculos II e I a.C, pondo assim fim às sucessivas guerras. Com a anexação da Grécia ao seu território, Roma se tornou a maior potência ao redor do Mediterrâneo. Daniel narra essa ocorrência na sua visão profética no capítulo 8, e aponta a mesma ocorrência para o tempo do fim.

A forma de governo da Roma antiga era a monarquia, portanto governada por um rei. Esse regime durou até o ano 509 a.C. Uma vez que o reinado não era hereditário, o senado romano decidiu que o Estado não deveria ter um só, mas três governantes. Então, deu-se início a uma nova fase, a fase republicana, que durou até 27 a.C. Naquele período, o Estado passou a ser governado por um poder político e um executivo, exercido pelos senadores e magistrados respectivamente até o ano 60 a.C. Foi nesse período que Roma cresceu. Contava com uma força militar poderosa, avançou suas fronteiras, expandindo seu território, conquistando mão de obra escravizada. Porém, com esse crescimento vieram também muitos problemas de ordem política, administrativo e social. Então, no ano 60 a.C., por iniciativa do general Júlio Cesar, foi estabelecida uma aliança

---

[152] MOUTINHO, Wilson Teixeira. Império Macedônico. **Cola da Web**, [*s. l.*], 2016, Disponível em: https://www.coladaweb.com/historia/imperio-macedonico. Acesso em: 11 maio 2022.

com os generais Crasso e Pompeu, para formar o primeiro triunvirato da república.[153]

Para manter harmonia entre eles, Roma foi dividida em três províncias e governada por três cônsules e comandantes militares. Pouco tempo depois, em 53 a.C. Júlio Cesar, com o apoio dos plebeus e do exército romano, tornou-se comandante militar geral. Crasso morreu em batalha. Após sua morte, a disputa de poder entre Cesar e Pompeu intensificou-se, o que provocou rompimento entre os dois. Isso estabeleceu uma crise política, causando instabilidade no governo. Júlio César se opôs ao senado, expulsou Pompeu de Roma, assumiu sozinho o poder e tornou-se um ditador. Júlio César foi assassinado em um complô contra ele, armado por membros do senado em 44 a.C.

15.4 O Segundo Triunvirato, divisão e queda do Império Romano

Logo após a morte de Júlio Cesar, um segundo triunvirato foi formado em 43 a.C. por generais ligados a Cesar: Marco Antônio, Lépido e Otávio, ficando Otávio com o comando geral. Porém, dessa vez, a nova aliança foi reconhecida e legitimada pelo senado. Assim como a primeira, a nova aliança foi marcada pela rivalidade e pela ambição. A disputa pelo poder levou Marco Antônio e Otavio ao confronto armado em 32 a.C. Otavio saiu vencedor. Porém, Lépido, segundo historiadores, foi acusado de encabeçar uma rebelião contra Otávio. Seu exército o abandonou, perdeu todos seus cargos, e foi mandado para o exílio. Assim chegou ao fim o segundo triunvirato em 30 a.C., abrindo caminho para a transição da republica para o Império Romano.

Com o enfraquecimento dos poderes do senado e dos magistrados, e com o apoio dos generais, Otávio, que virou Otávio Augusto, tomou posse como o primeiro imperador de Roma em 27 a.C., assim, surgiu o poderoso Império Romano. O contexto histórico da Roma antiga nos mostra que o Império Romano teve muita relação com o quarto animal e com o anticristo.[154] Em Daniel, está escrito: "Depois das sessenta e duas semanas, será morto o ungido e já não estará, e o povo de um príncipe que há de vir, destruirá a cidade e o santuário [...]" (Daniel 9:26). Está claro

---

[153] HIGA, Carlos César. Primeiro triunvirato. **Brasil Escola**, [s. l.], 2012. Disponível em: https://brasilescola.uol.com.br/historiag/primeiro-triunvirato.htm. Acesso em: 24 mar. 2022.

[154] ANDRADE, Ana Luíza Mello Santiago de. Segundo Triunvirato de Roma. **Info Escola**, [s. l.], 2019. Disponível em: https://www.infoescola.com/historia/o-segundo-triunvirato-de-roma/. Acesso em: 25 mar. 2022.

que o povo de um príncipe que Daniel se refere é o exército de Roma, que sitiou Jerusalém no ano 70 d.C. e a destruiu. No final do verso ele diz: *"...até ao fim haverá guerra, desolações são determinadas".*

A história do cristianismo nos revela as perseguições do Império Romano contra o cristianismo e judeus, principalmente nos três primeiros séculos, e da Inquisição Católica e espanhola que durou até o século XIX. Veja como Daniel disse: "...até ao fim haverá guerra, desolações são determinadas". Essa profecia vem se cumprido desde o primeiro século e se encerrará com a grande tribulação quando o reino do anticristo, (quarto animal) for destruído e o oitavo rei lançado no lago de fogo (Daniel 7:11). Observe que o príncipe que virá citado por Daniel tem por trás uma força satânica. É a mesma entidade que atuou por atrás de generais, imperadores romanos, líderes e inquisidores que perseguiram cristãos e judeus. É também a mesma entidade por trás da besta do Apocalipse de João, capítulos 12, 13, e 17.

Satanás vem ao longo da história da humanidade tentando frustrar os planos de Deus por meio de líderes mundiais. Porém, não pode se manifestar, porquanto, o Espirito Santo o detém e impede que se manifeste até que chegue a sua hora (II Tess 2:7). O império cresceu, se fortaleceu, expandiu seu território do Oriente ao Ocidente, tornando-se o maior e mais poderoso que existiu em toda a antiguidade. Com o crescimento, vieram também os problemas: as dificuldades em manter a estabilidade econômica e administrativa, por causa do vasto território, das disputas internas pelo poder somada às constantes invasões bárbaras, gerando uma grande crise. Havia ainda outro problema: o crescimento do cristianismo. Para tentar resolver o problema, em 395 d.C., o Imperador Teodósio dividiu o Império em duas partes: Ocidental e Oriental, mas isso também não resolveu a questão. As invasões continuaram, Roma foi invadida e saqueada pelos bárbaros no século V d.C. Enfraquecido, o Império Romano chegou ao fim em 476 d.C.[155]

---

[155] SALOMÃO, Gilberto. A desintegração, divisão e invasões barbaras. **Uol**, História Geral, 2015. Disponível em: https://educacao.uol.com.br/disciplinas/historia/imperio-romano---a-desintegracao-divisao-e-invasoes--barbaras.htm#. Acesso em: 25 mar. 2022.

15.2 A morte e ressurgimento do quarto animal

15.2.1 A cabeça golpeada de morte

> *Então, vi uma de suas cabeças como golpeada de morte, mas essa ferida foi mortal foi curada, e toda a terra se maravilhou, seguindo a besta. (Apocalipse 13:3)*

É importante destacar que não é o anticristo – homem – que será *golpeado de morte* para depois ressuscitar, como muita gente pensa e afirma, não é isso. "Como golpeada de morte": veja como está dito, "vi *uma de suas cabeças como golpeada de morte*", não é literal, é uma expressão simbólica representada pela queda de um dos dois poderes do Império Romano, o Império do Ocidente, em 476 d.C. que João chamou de "cabeça". Com ele, sucumbiram também os poderes que Satanás exercia sobre o Império pelos imperadores e governantes, porquanto perseguiram cristãos e judeus.

É esse poder que vai ressurgir configurado na pessoa e no império do anticristo. Está dito também: *"[...], mas essa ferida mortal foi curada"*. "A ferida mortal foi curada". Não significa que o anticristo (a besta) foi morto e depois ressuscitou. Significa que toda atividade e poder de natureza satânica que houve por trás de reis e imperadores romanos no passado, serão restaurados.[156]

É a ressurreição da natureza do quarto animal (Império Romano) representado pelo chifre pequeno, o oitavo rei ou o anticristo, que será levantado entre as sete cabeças ou sete reinos que ainda serão formados. *"A ferida mortal foi curada"* é uma expressão figurativa das atividades satânicas exercida no Império Romano no passado que serão reproduzidas pelo anticristo após ser revelado. Só que agora com maior poder (Ap.13:2) e com mais intensidade. Jesus disse: "Porque nesse tempo haverá grande tribulação, como desde o princípio do mundo até agora não tem havido e nem haverá jamais" (Mateus 24:21), ou seja, será mais aterrorizante ainda. O versículo diz ainda: "E toda a terra se maravilhou, seguindo a besta". Aqui está se referindo aos três primeiros anos e meio, quando o anticristo fará um governo de falsa paz, para seduzir, iludir e dominar os povos, "e adorá-los-ão, todos que habitam sobre a terra, aqueles cujos nomes não foram escritos no livro da vida do Cordeiro [...]", (Ap. 13:8). Porém, na segunda metade do período dos sete anos, 42 meses (três anos e meio),

---

[156] BRILHADOR, Edy. A chaga Mortal. **Examiner profético.info,** 19 junho 2021. Disponível em: https://profetico.info/oapocalipseeassim/a-chaga-mortal/Acesso em:11 maio 2022.

"foi lhe dado autoridade para agir". Então, ele vai ser revelado pela sua arrogância e suas blasfêmias contra Deus (Ap. 13:5-6). É nesse tempo que a profecia de Paulo vai se cumprir: "Quando andarem dizendo: Paz e segurança, eis que lhes sobrevirá repentina destruição [...]", (I Tess. 5:3).

O quarto animal que representa o Império Romano ressurgirá no período da grande tribulação com mais poder. Sua força será somada às forças dos três primeiros animais que existiram antes dele:

- Primeiro animal: **Babilônia** – era como um **leão** (Daniel 7:4)

- Segundo animal: **Medo/persa** – era semelhante a um **urso** (Daniel 7:5)

- Terceiro animal: **Grego/macedônico** – semelhante a um **leopardo** (Daniel 7:6)

- Quarto animal: **Império Romano** – terrível, espantoso e muito forte (Daniel 7:7).

Veja que João diz que ele traz os mesmos traços dos três primeiros animais: "A besta que vi, era **semelhante a leopardo**, com pés como de **urso** e boca como de **leão**. E deu-lhe o dragão (satanás) o seu poder, seu trono e toda a autoridade". (Ap.13:2). A besta de João que surgiu do mar trazia os mesmos traços e características dos último três animais de Daniel 7:3-6. Diz que era semelhante a um leopardo com pés de urso, e boca de leão. A maioria dos estudiosos do assunto concordam e afirmam que o quarto animal de Daniel 7:7, o dragão de Ap.12, a besta de Ap.13 e 17, trata-se da mesma entidade. Um paralelo entre a visão das bestas de João e a visão do quarto animal de Daniel 7, acrescido de outras qualidades.

15.2.2 Os 10 chifres e o chifre pequeno

Segundo o relato bíblico de Daniel 7, o profeta viu subindo do mar grande quatro animais e que "quatro ventos do céu agitavam o mar". É importante lembrar que mar e água significam multidões, povos, nações e línguas (Apocalipse, 17:15). Os quatro animais simbolizam os quatro reinos que haveriam de se levantar para dominar as regiões em torno do mar grande. Foram eles: Babilônia, Medo/Persa, Grécia e Roma, respectivamente. Os quatro ventos que agitavam o mar significam lutas e guerras. São os exércitos dessas nações que assolaram os povos (Jeremias

49:36-37). Daniel relata que o quarto animal tinha dez chifres (Daniel 7:7) e que entre eles subiu outro pequeno: "Estando eu a observar os chifres, eis que entre eles subiu outro pequeno, diante do qual três dos primeiros chifres foram arrancados, e eis que neste chifre havia olhos, como os de homens, e uma boca que falava insolência", (Daniel 7:8).

No versículo 24 diz-se que os 10 chifres representam simbolicamente a 10 reis ou dez reinos. Não há consenso nem mesmo entre teólogos especialistas em escatologia quanto à identificação dos reinos a que se refere o Vs. 24. O contexto histórico grego/romano não aponta que 10 reinos germânicos ou bárbaros são os que representam os 10 chifres do quarto animal, como muita gente afirma, se compararmos com o contexto histórico bíblico. É importante não confundir os 10 reinos simbolizado pelos 10 dedos da estátua citados no capítulo 2 de Daniel (Estes representam as 10 nações bárbaras). Embora os contextos histórico e bíblico não deixam claro, está implícito neles que os dez chifres representam 10 cidades, ou nações ou 10 blocos econômicos que serão criados, no tempo do fim, para apoiar o governo do anticristo.[157]

Daniel diz que estes reis ou governantes se levantarão daquele mesmo reino. Que reino? O quarto reino, ou o quarto animal. Depois que os 10 reinos forem criados, e seus respectivos reis receberem ou tomarem posse de seus reinos, um outro rei subirá entre eles. Está escrito: "Os dez chifres correspondem a dez reis que se levantarão daquele mesmo reino, e depois deles, se levantará outro, o qual será diferente dos primeiros, e abaterá a três reis" (Daniel 7:24).

Veja como está escrito: "depois deles", deles quem? Depois dos reis ou governantes se levantará outro rei. Está falando do chifre pequeno, que há de subir entre os 10 chifres do quarto animal ou quarto reino, dos quais três serão arrancados, ou seja, três dos 10 reis ou governantes serão destronados pelo chifre pequeno e permanecerão sete reis e sete reinos. O chifre pequeno representa o oitavo rei, e maioral entre eles. "Estando eu a observar os chifres, eis que entre eles subiu outro pequeno, diante do qual três dos primeiros chifres foram arrancados, [...]", (Daniel 7:8). O quarto animal ou a besta é uma extensão do Império Romano, que ressurgirá depois de ter uma de suas cabeças (império do Ocidente) golpeada de morte, em 476 d.C. "Então vi uma de suas cabeças como golpeada de morte, mas essa ferida mortal foi curada e toda a terra se maravilhou seguindo a besta", (Apocalipse 13:3 e 14).

---

[157] BELONI, Cris. O que significa os dez chifres Profetizado por Daniel? **Gospel Prime**, 18 junho 2020 Disponível em: https://www.gospelprime.com.br/o-que-significa-os-dez-chifres-profetizados-por-daniel/ Acesso em: 25 mar. 2022.

15.2.3 O quarto reino

O quarto reino ainda não foi destruído, vai ser reimplantado e revigorado na imagem da besta, o oitavo rei e anticristo com a mesma natureza e característica. A besta receberá do dragão (Satanás) seu trono, poder e autoridade: "[...] E deu-lhe o dragão o seu poder, o seu trono e grande autoridade" (Apocalipse 13:2). O texto diz que "toda a terra se maravilhou seguindo a besta" (Ap. 13:3). O contexto bíblico escatológico deixa claro que o governo do anticristo nos três primeiros anos e meio da grande tribulação trará uma sensação de paz, e o mundo que não crê em Deus vai se maravilhar seguindo a besta, não por ter "ressuscitado", mas por serem iludidos por suas falsas promessas.

> [...] a besta que viste, era e não é, está para emergir do abismo e caminha para a destruição. E aqueles que habitam sobre a terra, cujos nomes não foram escritos no Livro da Vida desde a fundação do mundo, se admirarão, vendo a besta que era e não é, mas aparecerá. (Apocalipse 17:8).

Os sete governantes não chegarão de fato a tomar posse de seus reinos, mas receberão autoridade como governantes por pouco tempo, porém, esse poder será transferido para o oitavo rei, que é o anticristo (Ap. 17:12-13), que seguirá com seu projeto de dominação mundial e destruição. "E a besta, que era e não é, também é ele, o oitavo rei, e procede dos sete, e caminha para a destruição" (Ap. 17:11).

Satanás tenta mais uma vez colocar em prática sua tática de dominação mundial personificado em Ninrode, iniciada com construção da Torre de Babel. Sua pretensão era manter unificados os homens em torno de si, e sob seu domínio. Porém dessa vez lhe será dado autoridade sobre todos os povos da Terra e para fazer guerra contra os santos e vencê-los. "Foi lhe dado também, que pelejasse contra os santos e os vencesse. Deu-se lhe ainda, autoridade sobre cada tribo, povo, língua e nação", (Apocalipse 13:7). Esta será a última tentativa de Satanás, porquanto, o quarto animal, que representa o quarto reino, será morto por causa das insolentes palavras proferidas pelo chifre pequeno (Daniel 7:11).[158]

Diz ainda que, além de morto, o animal terá seu *corpo desfeito e entregue para ser queimado*. Significa que a natureza do Império Romano

---

[158] COSTA, Israel; VIMES JUNIOR, Clacir. O Quarto Reino. **Revista Adventista**, São Paulo, fev. 2020. Disponível em: https://www.revistaadventista.com.br/da-redacao/destaques/o-quarto-reino/. Acesso em: 25 mar. 2022.

que configurava no império da besta será extinta para sempre. Assim como o chifre pequeno que, por fazer parte do quarto animal (Império Romano), também será destruído para sempre, e nunca mais haverá outro reino semelhante. Quanto aos outros animais (reinos) da visão de Daniel 7, o vs. 12 diz que foi-lhes tirado o domínio, mas foi lhes dada prolongação de vida, ou seja, até o julgamento do trono branco. Dessa forma, toda influência maléfica e aterradora do Império Romano chega ao fim.

Quanto à besta (o anticristo) e ao falso profeta, João revela que, em sua visão, os dois foram aprisionados e literalmente lançados vivos no lago de fogo que arde com enxofre. "Mas a besta foi aprisionada com o falso profeta [...] Os dois foram lançados vivos no lago dentro do lago de fogo", (Apocalipse 19:20). "O dragão, que é o diabo e satanás será acorrentado e lançado no abismo", (Ap. 20:1-3). Assim chegará ao fim o reinado de Satanás na terra, e dar-se-á início ao Reino Eterno do Senhor Jesus. Bem-aventurados os santos que reinarão com Cristo para sempre. Aleluia!

15.2.4 A Igreja reconhecerá o anticristo?

É possível que os crentes reconheçam o homem, a pessoa do anticristo, pouco antes do arrebatamento da igreja por ocasião da criação da Nova Ordem Mundial e pelos projetos de globalização propostos por ela. Porém, o ímpio não vai perceber nem entender o propósito das mudanças, o novo normal, as transformações pelas quais o mundo irá passar porque foi doutrinado para isso. Na visão do incrédulo, tudo que acontecer será natural. "Seu entendimento será impedido para não entender, seus olhos ofuscados para não ver" (2 Coríntios 4:4). Após o estabelecimento da Nova Ordem Mundial a Igreja será raptada da Terra, e dar-se-á início do período sete anos de governo do anticristo. Enquanto isso, o Espírito Santo deterá o anticristo e só será revelado na ocasião própria (II Tess. 2:6), ou seja, no final dos três anos e meio do seu governo. Veja, Paulo diz que nesse tempo ele vai estar operando. Isso significa que vai estar governando *"e aguarda somente até que seja afastado aquele que o detém"* (II Tess. 2:7). Diz ainda que é necessário que o Espírito Santo seja afastado, pois "não pode haver comunhão da luz com as trevas, nem harmonia entre Cristo e o maligno" (2 Coríntios 6:14-15).

É preciso diferenciar o significado entre manifestar e revelar, embora sejam parecidos. Eu posso manifestar meu desejo sem revelar o que quero, posso manifestar o que sou capaz, sem revelar quem sou. O governante da nova ordem fará um acordo de paz com muitas nações por sete anos, e promessa de um governo harmônico entre os povos, mas os crentes que ficarem para trás o reconhecerão como anticristo manifestado pelas suas boas, mas falsas obras. Os ímpios confiarão nele, pois se apresenta manso como um cordeiro, porém, na metade dos sete anos de seu governo quebrará o acordo, então se revelará um dragão feroz. O arrebatamento da Igreja acontecerá antes da manifestação do homem da iniquidade, porém a segunda vinda de Jesus acontecerá após revelação do anticristo dando início à grande tribulação. Está escrito: "Ninguém de nenhum modo vos engane, porque isto não acontecerá sem que primeiro venha a apostasia e seja revelado o homem da iniquidade, o filho da perdição" (Tess. 2:3). É nessas circunstâncias que aquele que o detém (o Espírito Santo) será afastado.[159] "E será de fato revelado o homem da iniquidade, o filho da perdição", e assumirá sua identidade, (II Tess. 2:8).

Na metade do tempo ele será revelado pela apostasia emanada dele, porque "se oporá à Deus, e se levantará contra tudo que se chama Deus, ou é objeto de culto [...]". "Assentará no santuário de Deus ostentando-se como se fosse o próprio Deus". (II Tess. 2:3-4). Proibirá o sacrifício e as ofertas no Templo (Daniel 9:27). Assim que o acordo for quebrado, ele vai fazer valer sua supremacia e porá seu plano de dominação mundial em prática (destaque para religião única e marca da besta). Será desencadeada uma implacável perseguição aos israelitas, aos cristãos, aos que ficarem para trás e a todas instituições religiosas, denominada de a grande tribulação. É nesse tempo que a profecia de Paulo vai se cumprir: "Quando andarem dizendo: paz e segurança, eis que sobrevirá repentina destruição [...], e de nenhum modo escaparão (I Tess. 5:3).

O Senhor disse que aqueles dias foram abreviados por causa dos escolhidos. Embora o período seja de sete anos, a grande tribulação será somente por três anos e meio, por que Deus reduziu esse tempo de angustia. "Não tivesse aqueles dias sido abreviados, ninguém seria salvo; mas por causa dos escolhidos, tais dias serão abreviados" (Mateus 24:22). Não está falando de redução de tempo cronológico, tornando os dias menores, está dizendo que, apesar de o período ser de sete anos, a angustia ocorrerá somente na metade desse tempo "por causa dos escolhidos". Quem são os escolhidos? São os que não entraram para as bodas do cordeiro, os deixados para trás que se arrependeram e não aceitaram a

---

[159] VIEIRA, Eloir. Quem está detendo o anticristo de se manifestar? **Gazeta News**, [*s. l.*], 19 dez. 2019. Disponível em: https://agazetanews.com.br/noticia/opiniao/148488/quem-esta-detendo-o-anticristo-de--se-manifestar. Acesso em 12 maio 2022.

marca da besta. E também os judeus que se converterem durante os três anos e meio da grande tribulação. É importante frisar que a narrativa de Paulo em II tessalonicense 2:1-8 refere-se à segunda vinda de Cristo e não ao arrebatamento da Igreja. A Igreja não passará pela grande tribulação, como já foi dito, o arrebatamento ocorrerá antes.[160]

---

[160] PERSONA, Mario. Os dias estão sendo abreviados? **O que respondi**, 2013. Disponível em: https://www.respondi.com.br/2013/03/os-dias-estao-sendo-abreviados.html. Acesso em: 12 maio 2022.

16

UMA VEZ SALVO, SALVO PARA SEMPRE?

16.1 A doutrina da salvação

A salvação faz parte de um dos atributos de Deus, o amor. O homem foi criado para gloria de Deus, mas desobedeceu e pecou. O pecado passou a todos os homens e rompeu a comunhão do homem com Deus, condenando-os à morte. Está escrito: Porque todos pecaram e destituídos estão da gloria de Deus" (Romanos 3:23). O pecado que herdamos impedia o homem de entrar no reino de Deus. O texto bíblico está nos falando do pecado herdado de Adão que gerou a morte espiritual. O pecado separou o homem de Deus, e o preço a ser pago é a morte eterna, por isso precisa de salvação. Está escrito que "o salário do pecado é a morte, mas o dom gratuito de Deus é a vida eterna em Cristo Jesus, nosso Senhor", (Rom. 6:23). O amor de Deus é infinito, Ele providenciou um meio pelo qual pudéssemos ser salvos, está escrito: "Mas Deus prova seu amor para conosco pelo fato de ter Cristo morrido por nós, sendo nós ainda pecadores" (Rom. 5:8). Jesus pagou o preço por nós, morrendo em nosso lugar, fomos remidos pelo Seu sangue. "Mas Ele foi transpassado pelas nossas transgressões e moído pelas nossas iniquidades, o castigo que nos traz a paz estava sobre ele" (Isaías 53:5). Significa que agora estamos perdoados do pecado que nos acompanhava e livres da culpa que nos impedia de sermos salvos. Jesus tomou sobre si a condenação que era nossa e nos livrou das consequências do pecado, que é a morte, para que pudéssemos viver por meio Dele. "Nisto se manifestou o amor de Deus em nós: em haver Deus enviado seu Filho unigênito ao mundo, para vivermos por meio Dele". (1 João 4:9). O artigo 44, II, do nosso código penal não admite a substituição da pena privativa de liberdade por restritiva de direitos para o indivíduo que cometeu crime doloso. Pela lei de Deus, o homem foi sentenciado à morte por desobediência, mas Jesus substituiu a pena de morte que estava sobre todos nós pelo direito à liberdade e à vida, morrendo em nosso lugar. Isso não foi por mérito nosso, pois já nascemos em pecado (Salmo 51:4-5).

Por causa do pecado o homem separou-se de Deus, mas pela Sua graça (favor imerecido) fomos reconciliados com Ele na morte de Jesus. "Logo muito mais agora, sendo justificado pelo seu sangue, somos por ele salvo da ira. [...] fomos reconciliados com Deus, mediante a morte do seu filho, [...]" (Romanos 5:8-10).[161]

Assim, recebemos a justificação pelo seu sangue pela fé. Isaías 53:1-7 resume bem a doutrina da salvação.

A salvação é obra de Deus, o homem é incapaz de se autojustificar diante de Deus por justiça própria, para merecê-la. Ela está disponível gratuitamente a todos que quiserem recebê-la, porém, por si mesmo não conseguem, pois "...o homem natural, não aceita as coisas do Espirito de Deus, porque lhe são loucura, e não pode entendê-las, porque elas se discernem espiritualmente" (1 Cor. 2:3), mas o Espírito Santo veio para realizar a obra de Deus, Ele é quem convence o homem do pecado (João 16:8). O homem natural não tem consciência do seu erro, nem se arrependeria, não fosse a intervenção do Espírito Santo. O homem natural é aquele que não crê, por isso não entende e não consegue discernir as coisas espirituais. Paulo diz que o "deus deste século segou o entendimento dos incrédulos para que não lhes resplandeçam a luz do evangelho". Satanás é chamado de deus deste século (2 Cor. 4:4), príncipe deste mundo (João 12:31). Enquanto o incrédulo permanecer na incredulidade estará sob seu domínio.

Satanás não tem acesso nem conhece os nossos pensamentos, mas é astuto, age por astúcia. Ele conhece a nossa conduta, nosso modo de agir. Sabe o que sai de nossa boca, conhece nossos hábitos e os caminhos por onde andamos. É assim que ele exerce sua influência sutil, para nos enganar, como fez com Eva, no Éden, seduzindo-a, levando-a ao erro. Pedro alerta aos crentes para ficarem atentos e usa a figura do leão para explicar a estratégia de Satanás para agarrar sua presa. "Sede sóbrios e vigilantes. O diabo, vosso adversário, anda em derredor, como um leão que ruge procurando alguém para devorar" (1 Pedro 5:8). Assim como o leão, o diabo fica na espreita a certa distância aguardando o momento certo pra atacar. Sua preferência são as presas fracas, crentes distraídos, que não oram, não andam na presença de Deus, nem domina seus dese-

---

[161] BÍBLIA SAGRADA, 2008.

jos carnais, têm um pé na igreja, e o outro no mundo.[162] O inimigo sabe quando estamos fracos espiritualmente. Estar sóbrios e vigilante é nossa única defesa contra o inimigo, que usa de forma sutil para nos atacar. Ser sóbrios e vigilantes é orar e andar em espírito, fazendo a vontade do espírito. É ter o espirito de Cristo. "Sujeitai-vos, portanto, a Deus, mas resisti ao diabo, e ele fugirá de vós" (Thiago 4:7). "Portanto, os que estão na carne não pode agradar a Deus, e se alguém não tem o Espírito de Cristo esse alguém não é Dele" (Rom. 8:8-9).

16.2 A salvação é um ato e um processo de Deus

A bíblia é a palavra de Deus, nela encontramos a revelação do Seu plano para salvar o homem, que por si só não pode obter a salvação, ela é um ato de Deus, está no coração de Deus. "O homem natural não pode entender as coisas espirituais" (l Cor. 2:14). Está escrito que o homem natural é escravo do pecado "[...] todo aquele que comete pecado é escravo do pecado" (João 8:34), e o pecado consumado gera a morte (Thiago 1:15). Em Provérbios 14:12 está escrito: "Há caminho que ao homem parece bom, nas o fim dele é a morte", Jesus pagou o preço pela nossa liberdade, derramando seu sangue na cruz. Fomos libertos e transformados da condição de escravo do pecado, à condição de servo de Deus.

> Agora, porém, libertados do pecado, transformados em servos de Deus, tendes vosso fruto para a santificação e, por fim, a vida eterna, porque o salário do pecado é a morte, mas o dom gratuito de Deus é a vida eterna em Cristo Jesus. (Romanos 6:22-23).

A pena que nos condenava a morte por causa do pecado foi substituída pelo direito à vida eterna em Cristo Jesus aos que creem. A salvação não é mérito do homem, é concedida pela graça de Deus por meio da fé, ainda que o homem não mereça, "Porque Deus amou o mundo de tal maneira que deu o seu Filho unigênito, para que todo aquele que Nele crê, não pereça, mas tenha a vida eterna" (João 3:16).[163]

---

[162] XIN, Yong. **Uma vez salvo não significa que somos salvos para sempre**. 2020. Disponível em: https://christiandailybelieflife.home.blog/2020/06/21/o-que-e-salvacao/. Acesso em: 25 mar. 2022.

[163] VALADÃO, Marcio. A salvação é pela graça. **O tempo**, Belo Horizonte, 31 jul. 2018. Disponível em: https://www.otempo.com.br/opiniao/pastor-marcio-valadao/a-salvacao-e-pela-graca-1.2007191. Acesso em: 25 mar. 2022

O amor de Deus é incondicional, porque ama a todos (João 3:16), mas a salvação é condicional. É somente para os que creem em Jesus e o confessam como seu Senhor e salvador. Está escrito em (Romanos 10:9): "Se com a tua boca, confessares Jesus como Senhor e, em teu coração, creres que Deus o ressuscitou dentre os mortos, serás salvo". A salvação é um processo para os crentes que estão no mundo, exceto para aqueles que se arrependerem na última hora (como do caso do ladrão na cruz). O pecado separa o homem de Deus, por isso precisa de salvação. Se alguém está em pecado é preciso confessar e se arrepender, pois o pecado impede que Deus ouça nossas orações.

> Eis que a mão do SENHOR não está encolhida, para que não possa salvar, nem surdo seu ouvido, para que não possa ouvir, mas as vossas iniquidades fazem separação entre vós e o vosso Deus, e os vossos pecados encobrem Seu rosto de vós, para que vos não ouça. (Isaias 59: 1-2).

Enquanto andamos no caminho do Senhor, a natureza de Cristo está em nós, mas a natureza pecaminosa se manifesta quando nos deixamos levar pelos desejos da carne. Quem afirma ser um crente, mas permanece pecando, corre o risco de não ser salvo se continuar no erro, e não se arrepender. Todos nós pecamos e estamos sujeitos a cair, porém, se cairmos, temos um advogado junto ao Pai que intercede por nós: Jesus Cristo, "Filhinhos meus, estas coisas vos escrevo para que não pequeis. Se, toda via, alguém pecar, temos um advogado junto ao Pai, Jesus Cristo o justo" (1 João 2:1). Temos ainda o dom do domínio próprio, que recebemos do Espírito Santo, para conter o desejo de pecar que está em nossa natureza humana. Se pecar é humano, permanecer no pecado é tolice, se o próprio "Espírito [...] nos assiste em nossa fraqueza, porque não sabemos orar como convém, mas o mesmo Espirito intercede por nós sobremaneira, com gemidos inexprimíveis" (Rom 8:26-27).

A salvação é um processo de crescimento e amadurecimento na palavra de Deus. Aquele que é nascido de novo não pode praticar as obras da carne e as obras do Espirito, pois "Não pode haver comunhão da luz com as trevas, nem harmonia" entre Cristo e o maligno (2 Cor. 6:14-15). Paulo adverte: "noutro tempo éreis trevas, mas agora sois luz no Senhor, andai como filhos da luz", (Ef 5:8).[164] Thiago diz que somos tentados pela nossa própria cobiça quando esta nos atrai e nos seduz. E

---

[164] MOISÉS. Salvação – Salvação Ato e Processo. **Gospelmais**, 2013. Disponível em: https://estudos.gospel-mais.com.br/salvacao-ato-e-processo.html. Acesso em: 25 mar. 2022.

diz: "Então, a cobiça, depois de haver concebido dá à luz o pecado, e o pecado uma vez consumado gera a morte" (Thiago 1:14-15). O pecado escraviza e pode levar à morte se o pecador não se arrepender. Jesus é a verdade que liberta e o único caminho que conduz à vida. Jesus disse que Seus verdadeiros discípulos são aqueles que permanecem na Sua palavra. Estes são livres, porque conhecem a verdade. "Se vós permanecerdes na minha palavra, sois verdadeiramente meus discípulos; e conhecereis a verdade e a verdade vos libertará" (João 8:31-32). Ao homem é dado o livre-arbítrio, ele pode escolher: reconhecer a Bíblia como palavra de Deus e aceitá-la como regra de fé e prática, ou rejeitá-la. Mas se optar por aceitar, tornar-se-á membro do corpo de Cristo e perde o livre arbítrio. A Igreja não vive em arbítrio próprio. Ela vive em obediência.

16.3 Novo nascimento

Já nascemos com uma natureza carnal, inclinada para o pecado e de nós mesmo nada podemos fazer. O Espírito Santo é que muda nossas vidas. Quando aceitamos a Jesus como nosso Senhor e Salvador, somos regenerados e, pela fé, o Espírito Santo nos santifica e nos transforma em uma nova criatura. (2 Coríntios 5:17). No Novo Testamento a Igreja representa o corpo de Cristo, formado por pessoas verdadeiramente convertidas, regeneradas, lavadas e purificadas pelo sangue do cordeiro.[165] Embora muitos professam sua fé em Jesus como seu Senhor e salvador, porém não nasceram da água e do Espírito. Nascer da água e do Espírito não significa dois nascimentos, Jesus não está apontando para dois nascimentos. Veja que uma conjunção separa as duas palavras que tem a mesma função: (água e Espírito). Água simboliza o Espírito Santo e a vida, Jesus é a fonte. "Quem crê em mim, como diz as escrituras, do seu interior fluirão rios de água viva. Isto Ele disse com respeito ao Espírito que haviam de receber os que nele cressem, [...]" (João 7:38-39). Para os judeus a água simbolizava um elemento purificador, porém andavam em seus delitos e pecados. Nicodemos cria em Jesus, mas estava iludido, preso a rituais judaicos, confiando em ensinamentos que não vinham de Deus, acreditando que isso o levaria para o céu. Respondendo à primeira pergunta de Nicodemos, Jesus disse "que era necessário nascer de novo para ver o reino de Deus". Em resposta à segunda pergunta, Ele disse:

---

[165] JOSÉ, Rafael. O Princípio da Igreja é composto de Membros Regenerado B. e Batizados. **Ig. B. Alto da Lapa**, 26 mar. 2020. Disponível em: https://ibaltodalapa.org.br/2020/03/26/o-principio-da-igreja-composta-de-membros-regenerados-e-biblicamente-batizados/. Acesso em: 12 maio 2022.

"Quem não nascer da água e do Espírito não pode ver reino de Deus", porque, "O que é nascido da carne é carne, e o que nascido do Espírito é Espírito", (João 3:1-6). Esse tema tem sido debatido entre teólogos, dando origem a interpretações variadas. Parece que o Senhor está falando de três nascimentos: os nascidos da carne, os nascidos da água, e os nascidos do Espírito. Mas, na verdade, Jesus esclarece a Nicodemos duas condições necessária para que alguém possa ver o reino de Deus: "Nascer da água e do Espírito".[166]

16.4 O que significa nascer da água e do Espírito?

Nascer da água e do Espírito significa converter-se, reconhecer um pecador, se arrepender, e crer em Jesus (água viva verdadeira que que purifica). É deixar de fazer as obras da carne, é se regenerar. É transformar-se em uma nova criatura, isso só o Espírito Santo faz. A água simbolizava para o judeu um elemento purificador. Banhar-se em um *Mikvê* (tanque de água) era um ritual praticado por homens e mulheres, para se purificar diante de Deus, e na conversão de gentios ao judaísmo. Nicodemos cria em Jesus, mas vivia na ilusão, não queria deixar os costumes e rituais judaicos. A água simboliza o Espírito Santo e avida. Jesus disse que ela brotará em abundância no interior daquele que Nele crê.

Nicodemos precisava entender que a água viva verdadeira que purifica e nos transforma, vem da fé em Cristo Jesus. "Quem crê em mim como diz a escritura, do seu interior fluirão rios de água viva" (João 7:38). Por isso, Jesus disse a Nicodemos: "importa vos nascer de novo" (João 3:7).[167] Nascer da água e do Espírito é reconhecer, receber e confessar Jesus, como Senhor e salvador. O Espírito Santo regenera, santifica e faz do convertido, filho de Deus! "Pois todos vós sois filhos de Deus mediante a fé em Cristo Jesus" (Gálatas 3:26). Nicodemos foi procurar Jesus na calada da noite, temendo ser reconhecido. Há muitos Nicodemos hoje em dia, com um pé na igreja, e o outro no mundo, tentando agradar um e outro. Querem Jesus como Salvador, mas não o querem como Senhor. Dizem ser servo, mas não aceitam submissão. Nasceram somente da água, creem

---

[166] BOA NOVA. Uma Nova Criatura em Cristo. **Revista Boa Nova**, [*s. l.*], 23 fev. 2011. Disponível em: https://portugues.ucg.org/ferramentas-de-estudo-da-biblia/curso-biblico/curso-biblico-licao-9/uma-nova-criatura--em-cristo. Acesso em: 12 maio 2022.

[167] NÚÑEZ, Catherine Scheraldi de. Como Nascer da Água e do Espírito. **Coalisão pelo Evangelho**, 2021. Disponível em: https://coalizaopeloevangelho.org/article/como-nascer-da-agua-e-do-espirito/jan 2021. Acesso em: 13maio 2022

em Jesus, mas não se regeneraram nem se libertaram de seus hábitos e costumes, porque não se converteram de fato, continuam escravos de desejos carnais. Converter-se significa mudar de direção, de caminho e de hábito. Não nasceram ainda do Espírito. Precisam nascer de novo. Jesus disse que "O que é nascido da carne é carne (anda na carne), e o que é nascido do Espírito é Espírito (anda no Espírito)" (João 3:6). Nascer da carne significa satisfazer desejos carnais (é andar na carne). Se alguém diz crê, mas não deixa de andar na carne, ou espera em rituais religiosos e costumes tradicionais para justificar seus pecados, precisa passar por um novo nascimento. Significa converter-se, abandonar os desejos carnais, deixar a religiosidade, reconhecer-se um pecador, se arrepender e se purificar na "verdadeira água viva": Jesus Cristo. "Ninguém pode ver o reino de Deus, se não nascer ne novo, e nem pode entrar no reino de Deus se não nascer da água e do Espirito". (João 3: 3,5).

16.2 Ritual de purificação dos judeus

16.2.1 Purificar-se para santificar-se

Encontramos no Antigo Testamento, mais especificamente no livro de Levítico, instruções de Deus ao seu povo quanto às leis e normas estabelecidas relativas ao culto, entre elas os rituais de purificação. Os israelitas praticavam diversos rituais, ofertas e sacrifícios estabelecidos em lei, por Deus, de seu servo Moisés. Esses registros estão nos livros de Êxodo e Levítico. O propósito das ofertas e sacrifícios segundo a maioria dos estudiosos da bíblia era a santificação do povo.

Deus é puro e santo, importa que seu povo seja santo e puro. "Santos sereis, porque eu, o Senhor vosso Deus, sou santo" (Levítico 19:2). As instruções de Deus no livro de Levítico apontam para a santidade no culto e na vida do seu povo. Seu desejo era transformá-los em verdadeiros adoradores, porém as gerações pós-Moisés perverteram-se em seus corações e rebelaram-se contra Deus e contra a lei, para fazer o que Deus havia ordenado não fazer. O Senhor havia feito uma aliança com eles no deserto, prometeu grandes maravilhas (Êxodo 34). Disse para não se esquecerem de Suas palavras daquele dia: "guarda o que te ordeno hoje" (Vs. 11). Deus prometeu lançar fora todos os povos que ocupavam a terra prometida a eles. Ordenou ainda:

> Abstém-te de fazer aliança com os moradores da terra pra onde vais, para que te não sejam por cilada". "Mas derribareis seus altares, colunas e postes-ídolos". "Não adorarás outro deus, [...] Para que [...] não suceda que prostituindo com eles e lhes sacrificando, alguém te convide, e coma dos seus sacrifícios. (Êxodo 34:12-15).

Mas, apesar de Moisés tê-los advertidos quanto às consequências pela desobediência, fizeram exatamente o contrário, violaram a aliança que Deus havia feito com seus pais. Acampados em Sitim, terra de Moabe, já sob o comando de Josué, Israel começou a prostituir-se com as filhas dos Moabitas, "Estas convidaram o povo aos sacrifícios dos seus deuses, e o povo comeu e inclinou-se aos deuses delas" (Números 25:1-2), "provocando o Senhor a ira". "Não atentaram, nem inclinaram seu ouvido à voz do Senhor, antes, andaram cada um segundo a dureza do seu coração e não cumpriram a aliança" (Jeremias 11:8), mas inclinaram diante de outros deuses. Deixaram o Senhor para servir a Baal, "Porquanto deixaram o Senhor e serviram a Baal e Astarote", (Juízes 2:13). O profeta Isaías teve uma visão a respeito de Judá e Jerusalém, nos dias dos reis, Uzias, Jotão, Acaz e Ezequias, e Deus disse a Isaías: "[...] criei filhos e os engrandeci, mas eles estão revoltados contra mim" (Isaías 1:1-4). "O boi conhece seu dono, o jumento o dono da sua manjedoura, mas Israel não me conhece" (Vs.3). "Este povo é de coração rebelde e contumaz," (Jeremias 5:23). Em Jeremias 5:26, diz que "havia muitos perversos dentre eles praticando injustiça". "Um povo de coração duro". Isaías declarou que a nação iria padecer por continuar em rebeldia. E a chamou de "nação pecaminosa, povo carregado de iniquidade, filhos corruptores, deixaram o Senhor e blasfemaram do Santo de Israel" (Isaías 1:4). O Senhor rejeitou os sacrifícios de seu povo, por causa da degeneração moral ao cair na idolatria. Ordenou que "não continuassem a levar ofertas porque era para Ele abominação".

Deus não aceitava nem recebia mais as ofertas do seu povo em solenidade com suas oblações carnais oferecidas a deuses estranhos. "[...] não posso suportar iniquidades associadas ao ajuntamento solene" (Isaías 1:10-13). Está escrito que "Deus é Espírito, e importa que os seus adoradores o adorem em espírito e em verdade" (João 4: 24). Diante da condição espiritual em que vivia Israel, o Senhor ordenou: "Lavai-vos, purificai-vos, tirai a maldade de vossos atos, de diante dos meus olhos, cessai de fazer o mal" (Isaías 1:16).

A lei de Moisés destacava a necessidade de o povo estar limpo ou puro, tanto físico como espiritualmente. Arão, o sumo sacerdote, tinha que lavar os pés e as mãos para entrar na Tenda da Congregação (Êxodo 30:17-21). Havia rituais de purificação regulamentado pela lei de Moisés para homens e mulheres, em casos de doenças (lepra), (Levítico 14:8) e de contato com objetos ou coisas impuros. Assim como outros rituais, estes eram ordenados por Deus. Entretanto, por causa das suas iniquidades, Israel precisava lavar-se, purificar-se, tornar-se limpo, mas, puro espiritualmente.[168] O Senhor não está falando de ato simbólico nem de lavar-se literalmente. "Lavai-vos e purificai-vos". Ele está dizendo para Israel purificar o coração, tornar-se puro, deixar de fazer o mal diante Dele. Porém, Israel continuou fazendo o mal. O Senhor ordenou dizendo:

> Dai ouvidos à minha voz, e eu serei o vosso Deus e vós sereis o meu povo, andai no meu caminho [...], mas não deram ouvidos, nem atenderam, porém andaram seus próprios conselhos, e na dureza do seu coração maligno. (Jeremias 7:23-24).

Os israelitas estavam expostos e sujeitos de várias maneiras às impurezas, por estarem vivendo em meio a povos idólatras. Eruditos dizem que "Um Judeu antes de entrar no templo para fazer um sacrifício, ou de receber os benefícios de uma oferta sacerdotal, era exigido que passasse antes por um ritual de purificação".[169] Porém suas "cerimonias e rituais de limpeza em si mesmos sem mudanças interiores, não agradava mais a Deus" (Isaias 1:11). Jeremias advertiu o povo dizendo: "Lavai o teu coração da malícia, ó Jerusalém, para que sejas salva! Até quando hospedarás contigo os teus maus pensamentos?" (Jer 4:14). Tais rituais, da Lei Oral, ainda eram praticados na época do Templo, acrescidos de outras cerimônias de purificação incluídas por Rabinos. Costumes que não faziam parte da lei mosaica.

16.2.2 O banho no Mikvá e o batismo de João

Alguns teólogos afirmam que o batismo de João tem origem nos rituais de purificação da comunidade de Qumran, outros, porém acredi-

---

[168] REVISTA VIRTUAL HERANÇA JUDAICA. **Herança judaica**. 2014. Disponível em: https://herancajudaica.wordpress.com/2014/04/29/mikve/. Acesso em: 25 mar. 2022.

[169] TORRE DE VIGIA. Banho Ritual Judaico. **Jw.org**, [s. l.], 06 out. 2015. Disponível em: https://wol.jw.org/pt/wol/d/r5/lp-t/2006763. Acesso em: 14 maio 2022.

tam que João se espelhou no batismo dos prosélitos. Outros ainda acham que ambos podem ter influenciado o batismo de João.[170] Qumran é o nome de uma região existente próximo às margens do Mar Morto, hoje, importante sítio arqueológico protegido pelo National Park. Era habitado pelos essênios no tempo de Jesus, como afirmam alguns pesquisadores. Os essênios eram uma seita judaica, um grupo zeloso da lei de Moisés, que se separaram dos demais grupos por não concordar com as corrupções que envolvia lideres judaicos e romanos e formaram a comunidade de Qumran no deserto.

O objetivo era concentrar no estudo da Torá, observar e viver genuinamente os ensinos de Moisés e não se contaminar com a infidelidade dos fariseus. João chamou os fariseus de raça de víboras, e disse: "produzi, pois, frutos dignos de arrependimento" (Mateus 3:7-8). Por isso, alguns historiadores supõem que João foi um membro da comunidade de Qumran, ou viveu com ela por algum tempo. Outro fator que favorece a quem defende essa tese é o batismo de João, que se assemelha aos rituais da comunidade de Qumran.[171]

Os manuscritos encontrados nas cavernas de Qumran por dois beduínos em 1947 continuam uma incógnita quanto sua origem, quantidade e quais comunidades viveram naquele local (uma vez que os escritos eram em hebraico, grego e aramaico), e se viviam nas cavernas ou em assentamentos próximos. Pesquisadores ainda discutem os significados contidos nos manuscritos descobertos no Mar Morto, como regras para a comunidade, disciplina, práticas ritualísticas e cânticos, indicando, em tese, representarem uma passagem dos Essênios por aquele local.

Segundo Roberto C. G. Castro, do *Jornal da USP* publicado e em 02/10/2017,

> Até hoje há divergências em torno da identidade da comunidade de Qumran, informa o pesquisador Edson de Faria Francisco, da Universidade Metodista de São Paulo (Umesp), no artigo "Manuscritos de Qumran: Introdução Geral", publicado em *Manuscritos do Mar Morto*. Para uma parcela considerável dos pesquisadores, esse grupo poderia ser identificado com os essênios, [...] Escritores

---

[170] ESTUDOS BÍBLICOS E COMENTÁRIOS. Origem do Batismo de João. **Biblioteca Bíblica**, [s. l.], 2011. Disponível em: https://bibliotecabiblica.blogspot.com/2011/02/origem-do-batismo-de-joao.html. Acesso em: 14 maio 2022.

[171] CONEGERO, Daniel. Quem eram os Essênios. **Estilo Adoração,** [s. l.], 2015, Disponível em: https://estiloadoracao.com/quem-eram-os-essenios/. Acesso em: 4 maio 2022.

antigos como Fílon de Alexandria, Flávio Josefo e Plínio, o Velho Testamento cita esse grupo, mas não há consenso entre os especialistas sobre as informações fornecidas por eles, afirma Francisco. [172]

O Mikvá ou Mikvê eram tanques construídos pelos Judeus para acumular água da chuva ou de uma fonte usada nos rituais de purificação. Quando participava de algum evento impuro, ou quando tocava em cadáveres, ou contraía alguma doença de pele, o judeu teria que se lavar no Mikvê para se apresentar puro diante de Deus. Assim como os homens, as mulheres também teriam que passar por rituais de purificação, no período de menstruação e no pós-parto. Esses deveres estão registrados na Torá, no livro de Levítico principalmente. Mais tarde, no tempo do Templo de Herodes, o Mikvê passou a ser usado também para rituais de purificação de prosélitos.

Tanques como esses foram encontrados há cerca de dois mil anos nos arredores de Jerusalém, por arqueólogos, segundo a revista *Sociêntífica*.[173] Cerimônia ritualísticas de banhos ou abluções feitas pelos essênios nesse tempo eram comuns na comunidade de Qumran. No tempo de Moisés, tanto sacerdotes como israelitas incorriam em pena de morte em caso de desobediência a essa lei (Números 19:20). Eles teriam que se lavar e lavar as roupas pós-solenidades ritualística (Números 19:7-8). Para os essênios era de grande importância espiritual obedecer à Torá fielmente.

Além do banho para purificação, o Mikvê era usado pelos essênios, assim como as demais classes judaicas, também na conversão de não judeus ao judaísmo. A diferença estava na forma de cultuar, enquanto os essênios o faziam sinceramente, escribas, fariseus e saduceus o faziam de forma superficial.

16.2.3 O batismo de João e o batismo de Jesus

Alguns teólogos entendem que o batismo de João foi uma adaptação das abluções dos judeus, mas a Bíblia deixa claro que João foi um enviado especial de Deus "a batizar" (João 1:33) e preparar o caminho

---

[172] CASTRO, Roberto C. G. Manuscrito do mar morto ainda guarda mistérios, 70 anos depois. **Jornal da USP**, São Paulo, 2017. Disponível em: https://jornal.usp.br/cultura/manuscritos-do-mar-morto-ainda-guardam-misterios-70-anos-depois/. Acesso em: 14 maio 2022.

[173] MIRANDA, Felipe. Descoberto banho ritualístico mikvé da época de Jesus em Jerusalém. **Revista Sociêntífica**, São Paulo, 2020. Disponível em: https://socientifica.com.br/descoberto-banho-ritualistico-mikve-da-epoca-de-jesus-em-jerusalem

do Senhor (Isaías 40:3) e anunciar o reino vindouro do Messias. Diferentemente das abluções carnais e hipócritas dos judeus para se purificarem de suas maldades, injustiças e opressões, João pregava o batismo do arrependimento, da transformação e preparação dos homens para a chegada do reino de Deus, um reino espiritual que estava por vir. Era uma declaração simbólica de arrependimento, uma vez que os israelitas haviam violado o pacto com o Senhor. A mensagem do batismo de João transmitida aos os judeus indicava que o perdão de Deus é alcançado pelo arrependimento, e não pelo fato de serem descendentes de Abraão. Mostrou que precisavam purificar-se, não somente o corpo, mas também o coração. João batizava com água, porém Jesus é o que nos batiza com Espírito Santo (Lucas 3:16). O batismo de João durou até o pentecostes, agora prevalece o batismo de Jesus.

O batismo é um ato simbólico, um testemunho de fé pública. Significa morrer para o mundo do pecado. Paulo diz que que "fomos sepultados com Cristo na sua morte pelo batismo, da mesma forma, ressuscitamos com Ele para uma nova vida" (Romanos 6:4-8). Batizar significa imergir e simboliza o sepultamento do velho homem, o abandono das coisas velhas, ou seja, das práticas do pecado. A emersão representa simbolicamente o renascer para uma nova vida. "E assim, se alguém está em Cristo, nova criatura é as coisas velhas já passaram, eis que tudo se fez novo" (2 Coríntios 5:17). O batismo ensinado por Jesus e pelos apóstolos é um mandamento, um ato de obediência, por si só não salva, mas identifica o crente com Cristo. O Senhor disse a seus discípulos: "Ide, portanto, fazei discípulos de todas as nações, batizando-os em nome do Pai, e do Filho, e do Espírito Santo" (Mateus 28:19). No dia do Pentecostes Pedro disse à multidão: "Arrependei-vos, e cada de vós seja batizado em nome de Jesus Cristo para remissão dos vossos pecados" (Atos 2:38). O batismo do arrependimento de João deu lugar ao batismo em Cristo, um "simbolismo que representa uma verdade espiritual". Aqueles que foram batizados no batismo de João, ao receber o evangelho de Cristo, teriam que ser batizados em nome de Jesus para receberem o Espírito Santo (Atos 19:1-7). Paulo diz: "Não sabeis que todos quantos fomos batizados em Cristo Jesus fomos batizados na sua morte?" (Romanos 6:3). Somos batizados na morte de Cristo. "Porque, se fomos unidos com Ele na semelhança da sua morte, certamente o seremos também na semelhança da sua ressurreição" (Romanos.6:5). Enquanto os judeus tinham por ritual se banhar no tanque de água como uma forma de purificação do pecado, João da mesma forma mergulhava pessoas na água batizando-as para o arrependimento a fim de prepara-las para o reino de Cristo. O batismo de Jesus está relacionado ao Espirito Santo. Segundo a *Revista Virtual Herança Judaica*,[174]

> Na imersão/batismo a vida da pessoa é impactada, porém, na imersão não há nenhum poder de purificação inerente à água. A imersão simboliza, porém, a purificação do pecado e da contaminação moral. Uma vez esclarecida pelo Espírito Santo/Ruach Hakodesch, a pessoa reconhece sua condição perdida e por meio do arrependimento/teshuvá e confissão a D'us, é possível libertar do fardo que o pecado traz e da culpa consequente, é disso que o batismo/imersão trata e é símbolo.[175]

16.2.4 O crente perde a salvação?

A teoria de que, "uma vez salvo, salvo para sempre" não está na bíblia é um slogan de duplo sentido criado por alguém. A expressão não está incorreta, contudo, a falta de compreensão do contexto e de uma interpretação correta, leva a um ensinamento e aprendizado incorretos. Exemplo: "Quem crer e for batizado será salvo, quem, porém, não crer será condenado" (Marcos 16:16). Com base nesse versículo e outros encontrados na bíblia, muitos afirmam que basta crer e aceitar Jesus como seu Senhor e salvador para ser salvo, e pronto, não precisa de mais nada! Precisamos entender que a fé implica em obediência. Quem diz que crê, pressupõe que obedece. Obedecer é fazer a vontade de Deus. É guardar seus mandamentos, permanecer nele e não praticar mais as obras da carne nem as do mundo, pois as coisas velhas ficaram para trás, "E assim, se alguém está em Cristo nova é criatura, as coisas velhas já passaram, eis que tudo se fez novo" (2 Coríntios 5:17). Quando afirmarmos que, aquele que crê em Jesus não perde a salvação, referimos a alguém regenerado, transformado pelo Espírito Santo em uma nova criatura, e que se mantém em santificação. Isso precisa estar claro na mente dos ouvintes quando ensinado no púlpito, nas reuniões ou na escola dominical. Os adeptos do calvinismo defendem que o crente não perde a salvação de

---

[174] ANDRADE, Marcio. Qual o Real Significado do Batismo? **Estudo gospel**, 30 mar. 2011. Disponível em: https://estudos.gospelmais.com.br/qual-o-real-significado-do-batismo.html. Acesso em: 14 maio 2022.

[175] A SENTINELA. **Banho ritual judaico – um precursor do batismo**. [2022?], Disponível em: h¹tps://wol.jw.org/pt/wol/d/r5/lp-t/2006763. Acesso em: 26 mar. 2022.

forma alguma. Já a corrente arminiana afirma que o crente perde sim a salvação por razões diversas (sendo a cobiça uma delas) e por achar que tem livre-arbítrio, pode até apostatar-se da fé. Afinal, um crente pode perder a salvação? Ou uma vez salvo, salvo para sempre? Vamos analisar alguns versículos sobre esse assunto à luz da Bíblia.

"Se alguém não permanecer em mim, será lançado fora [...]" (João 15:6). Muita gente refuta o argumento de que textos como este indicam a perda da salvação, mas a conjunção "se" indica uma condição. "Se não permanecer". Jesus foi bem claro. É evidente que as aflições pelas quais passamos podem nos levar a conflitos espirituais e a pecar, pois a natureza pecaminosa ainda está em nós e estamos sujeitos a cair, mas não precisamos continuar no erro, pois somos nascidos de Deus. "Todo aquele que é nascido de Deus não vive na prática de pecado; o que permanece nele é a divina semente, [...]" (1 João 3:9). Acho perigoso e arriscado dizer que o crente não perde a salvação, apesar de a Bíblia em muitos textos mostrar que pela fé estamos seguros.

Veja este: "Porque se com tua boca confessares a Jesus como seu Senhor, e com teu coração creres que Deus o ressuscitou dentre os mortos, serás salvo" (Romanos 10:9-10). Isso é uma verdade absoluta, desde que continuemos andando na presença do Senhor em santificação. Alguns teólogos interpretam essa passagem como uma promessa definitiva, mas veja o que diz estes textos bíblicos:

> "Todo ramo que estando em mim não der fruto, Ele o corta, [...]" (João 15:2)

> "Mas justo viverá da fé, e se ele recuar, a minha alma não tem prazer nele" (Hebreus 10:38)

> "Nem todo o que me diz Senhor, Senhor! Entrará no reino dos céus, mas somente aqueles que fazem a vontade do meu pai que estás nos céus" (Mateus 7:21)

> "E, por se multiplicar a iniquidade, o amor de muitos esfriará. Aquele, porém, que perseverar até o fim, esse será salvo" (Mateus 24:12-13)

O crente pode pecar deliberadamente, uma vez que é livre para escolher e fazer a sua vontade (Hebreus 10:26). Pode desviar-se da Igreja e dos caminhos de Deus, viver em pecado satisfazendo os desejos da carne e do mundo. Pecar conscientemente ou mesmo involuntariamente nem sempre quer dizer abandono da fé. O cair poderá ser por um deslize ou descuido. Nas duas situações ele corre o risco de perder a salvação se não se arrepender, não abandonar os caminhos do erro e persistir em atitude pecaminosa. A nossa salvação estará garantida, se perseverarmos. Jesus falou à Igreja de Esmirna, por meio de João: "[...] Sê fiel até a morte, e dar-te-ei a coroa da vida" (Apocalipse 2:10). Muitos interpretam as declarações de textos bíblicos que impõe condições para o crente garantir sua salvação, como uma "advertência simplesmente, e para alertar do perigo, nada mais". É para alertar sim, mas do perigo de ser tragado por satanás, "Sede sóbrios, vigiai, porque o diabo, vosso adversário, anda em derredor, bramando como leão, buscando a quem possa tragar" (1 Pedro 5:8). O diabo sabe que não pode roubar nossa salvação, mas age por astúcia, esperando em derredor que alguém deixa uma brecha, então ele vai trabalhar até conseguir seu intento. Considerar que esses textos bíblicos são apenas advertências, é o mesmo que passar a mão na cabeça do que anda pecando e dizer: "Tem problema não! Jesus perdoa!". É um equívoco afirmar que "Uma vez salvo, salvo para sempre".[176] Jesus mandou João alertar a Igreja de Éfeso dizendo: "Lembra-te, pois, de onde caíste, e arrepende-te, e volta à prática das primeiras obras; se não, venho a ti e moverei do seu lugar o teu candeeiro, se não te arrependeres." (Apocalipse 2:5).

Essa mensagem foi dirigida à igreja de Éfeso, que havia abandonado a prática inicial das primeiras obras quando recebeu a salvação e agora está sendo alertada para se arrepender sob pena de perder a salvação. Não é simplesmente por dizer que tem fé, que alguém é salvo, o que garante a salvação é a permanência na palavra de Deus. A fé é um meio de alcançar a salvação (Efésios 2:8). O discípulo verdadeiro é aquele que permanece na palavra de Deus. "Se vós permanecerdes na minha palavra, verdadeiramente sereis meus discípulos" (João 8:31). Seus passos são confirmados pelo Senhor, "Ainda que caia, não ficará prostrado pois o Senhor o sustém com a sua mão" (Salmo 37:23-24).

Se uma pessoa crente for apanhada de surpresa no dia do arrebatamento da Igreja, ou morrer antes em pecado, ou seja, em adultério, em atos libidinosos, cometendo atos ilícitos, andando na carne e não no Espírito sem se arrepender antes, subirá a encontrar com Cristo? O Senhor deixou bem claro: vigiai! "Vigiai, pois, porque não sabeis o dia nem a hora", (Mateus 25:13). Vigiar é estar sempre preparado, não baixar a guarda. Significa que, quem diz que crê, mas não abandona as práticas

---

[176] XIN, Yong. Uma vez Salvo, Salvo Para Sempre? **Altervista**, 2019. Disponível em: https://easternlightninggodsheep.altervista.org/enter-kingdom-of-heaven-2/?doing_wp_cron. Acesso em: 14 maio 2022.

do mundo, poderá ficar para atrás, se não se arrepender em tempo.[177] "Então dois estarão no campo, um será tomado, e deixado o outro. Duas estarão trabalhando num moinho, uma será tomada, e deixada a outra. Portanto, vigiai, porque não sabeis em que dia vem o vosso Senhor" (Mateus 24:40-42).

16.2.5 A santificação

Santificação é um processo contínuo na vida do crente, um requisito necessário para aquele que crê verdadeiramente. É preciso ressaltar que, mesmo depois de nossa conversão, estamos sujeitos à queda, como já foi dito. Apesar de ter herdado uma nova natureza, a natureza de Cristo, não perdemos a natureza pecaminosa oculta na carne, que se manifesta em nós o desejo de pecar. Os olhos seguem o coração enganoso inclinado para o mal (Jeremias 17:9), posto diante de nós enquanto estivermos no mundo. O Apóstolo Paulo declarou "[...] querer o bem, está em mim, mas fazer o bem, não está. Porque não faço o bem que quero, mas o mal que não quero esse faço" (Rom. 7:18-19). O desejo de pecar está sempre diante de nós, mas o Senhor disse que cabe a nós dominá-lo, mas como?

Buscando viver em santidade e em consagração a Deus todos os dias, separando-nos do mundo e do pecado. A consumação da nossa fé é alcançada pela busca constante pela santidade, por meio da mudança de conduta, da transformação do caráter, dos hábitos que não agrada a Deus, e do abandono do pecado. Afinal, temos o Espírito Santo em nós; o recebemos quando cremos e fomos batizados em Cristo Jesus. "Seu amor excede todo entendimento", apesar de entristecê-lo com os nossos pecados (Efésios 4:30). Está escrito que, "quando nos sobrevier a tentação humana, Deus é fiel e não permitirá que sejamos tentados além de nossas forças" (1 Coríntios 10:13).

> Na Bíblia, o termo santificar significa: "ser consagrado", "santo", "separado". A santificação é a ação do Espírito Santo na vida do crente, separando-o e purificando-o para adorar e servir ao Senhor. Por meio da santificação, o Espírito Santo aplica à vida do crente a justiça e a santidade de Cristo, com vistas ao seu aperfeiçoamento. A Bíblia ensina que o homem que serve a Deus deve viver uma vida de

---

[177] MALTA Nádia. Lembra-te de onde caíste, e volta. **Colodopai**, 2013. Disponível em: http://ocolodopai. blogspot.com/2013/03/sermaopra-nadia-maltalembra-te-de-onde.html. Acesso em:14 maio 2022.

santidade. "Santo" vem do grego "Hágios" e do hebraico "Kadosh", significa nas duas línguas originais "separado, puro, sagrado" (Rema Comunidade evangélica).[178]

A santificação é para o crente, "sem a santificação ninguém verá o Senhor" (Hebreus 12:14). Santo no grego é "Hágios" e no hebraico "Kadosh" significa separado, puro, sagrado. O Senhor nos chamou para ser santo, é assim que nos quer, exclusivo para Ele. Está escrito: "Sede santo porque eu sou santo" (1 Pedro 1:6). Isso quer dizer que Deus nos quer separado e purificado de corpo e alma pra Ele. A santificação é obra do Espírito Santo e deve ser um ato contínuo na vida do crente, pois o diabo não se cansa, está sempre na espreita com suas armadilhas preparadas para pegá-lo em uma distração. A única forma de vencer as tentações do inimigo e as concupiscências da velha natureza é vivendo em santidade. Nosso corpo é morada do Espírito Santo (1 Coríntios 6:18), Ele é que nos santifica e nos dá revelação da palavra de Deus, mas só fará isso se permitirmos. Se optarmos por tomar o caminho de Deus, o Espírito Santo nos orienta, nos capacita, nos dá sabedoria pra tomar a decisão certa, e nos guia pelo caminho da vida. Porém, se optarmos por tomar e viver no caminho do pecado, afastamo-nos do Espírito Santo, as consequências podem nos conduzir pelo caminho da morte. "Há caminho que parece reto ao homem, mas no final conduz à morte" (Provérbios 16:25). Alguém pode ter o Espírito Santo, mas o Espirito Santo não estará presente nem compactua com atos pecaminosos de ninguém. "Que sociedade pode haver entre a justiça e a iniquidade?

Ou que comunhão da Luz com as trevas?" (2 Coríntios 6:14-15). A fórmula para reverter esse quadro depende de nós mesmos, o arrependimento. Está escrito. "Arrependei-vos, pois, e convertei-vos, para que sejam apagados os vossos pecados, [...], (Atos 3:19). "Tornai para mim, e eu tornarei para vós, diz o Senhor dos Exércitos". (Zacarias 1:3b). Paulo alerta: "Digo, porém: andai no Espírito e jamais satisfareis a concupiscência da carne" (Gálatas 5:16).

"Esfriamento espiritual", é comum ouvir essa frase. O Espírito Santo não nos deixa, não esfria nem diminui em nós ,como diz alguns, muito pelo contrário, quem esfria somos nós, quem se afasta do Espírito Santo somos nós, quem o apaga em nós, somos nós mesmos (I Tess. 5:19). Desaprendemos a orar quando nos distanciamos de Deus, a falta de rela-

---

[178] REMA. Andando pelo caminho da santidade. **Comunidade evangélica**, 2013. Disponível em: https://comunidadeevangelicarhema.com.br/andando-pelo-caminho-da-santidade/. Acesso em: 14 maio 2022.

cionamento com o Senhor nos causa esfriamento espiritual, desinteresse pela Sua palavra, contudo o Espírito Santo jamais abandonará o crente, ainda que o entristecemos com nossos pecados. "Ele nos assiste em nossa fraqueza, quando não soubermos orar como convém, e intercede por nós com gemidos" (Romanos 8:26). Está escrito que "Deus não tem prazer na morte do ímpio, mas que converta do seu caminho e viva" (Ezequiel 33:11). Se o Senhor não tem prazer na morte do ímpio, muito menos na morte do justo. O filho pródigo da parábola de Jesus pediu ao pai a parte da herança que lhe cabia, e o pai lhe concedeu. Depois partiu para uma terra bem distante, lá dissipou todos os seus bens vivendo dissolutamente (Lucas 15:11-32). Essa parábola retrata de diversas maneiras o relacionamento do homem com Deus, nosso Pai. A decisão de viver ou não em santidade na presença de Deus, é nossa. O crente não tem livre arbítrio quando vive em obediência, mas se optar por atender aos desejos da carne e do seu coração vai sofrer no futuro as consequências. Assim como aconteceu com o filho mais novo da parábola, acontecerá com o crente, que decidir por deixar de ser dependente do Pai, para viver por conta própria. Por causa do orgulho, vaidade e ganância, o Pai permite passarmos por aflições para nos servir de lição e correção, porque nos ama. "Porque o Senhor corrige a quem ama e açoita a todo filho a quem recebe" (Hebreus 12:6). Se andarmos em santidade vivendo na dependência do Pai, e do Espírito Santo nada nos faltará (Salmo 23:1). Não faltará o alimento (palavra de Deus) de cada dia, nem proteção, nem livramento. Na Sua presença o pecado não nos escraviza. O filho pródigo foi pra bem longe do pai e dissipou todos os seus bens com as meretrizes, "Depois de ter consumido tudo, sobreveio uma grande fome naquele país e começou a passar necessidades" (Lucas 15:14).

Se estamos perto do Pai, andando em obediência, Ele supre todas as nossas necessidades, segundo a sua riqueza em glória (Filipense 4:19). É impossível estar na presença do pai e não ter sua bênção. Nos momentos difíceis e de angústia Ele nos socorre (Salmo 46:1). O filho pródigo queria uma vida independente do pai, queria uma viver por conta própria, porém as consequências da escolha foram desastrosas. Cuidar de porcos para não passar fome foi o que lhe restou, o que para um judeu era humilhante, foi parar no fundo do poço. Distanciamo-nos de Deus quando deixamos de fazer a Sua vontade para satisfazer os prazeres da carne. Damos legalidade ao diabo quando inibimos a ação do Espírito Santo, ignorando sua presença em nós. Paulo diz que há uma guerra entre o Espírito e a carne (Gálatas 5:17). A lição que tiramos disso é que, quando nos afastamos de Deus, desprezando seus mandamentos, deixamos de orar, ficamos vulneráveis, e nos tornamos presa fácil para o inimigo. O filho pródigo chegou ao "fundo do poço", prostrado, não havia a que nem a quem recorrer. Então, caiu em si. Lembrou-se da casa do pai e decidiu se levantar. Arrependeu-se, confessou seus pecados e reconheceu que havia tomado a decisão errada ao deixar a casa do pai.

Por 10 anos estive afastado da Igreja e dos caminhos do Senhor, andando em meus próprios caminhos. Assim, caí no laço do passarinheiro, perdi todos os meus bens e morar embaixo de uma lona às margens de uma rodovia, era minha única alternativa. Fui parar no fundo do poço. Desorientado, eu olhava em volta tateando como se estivesse procurando a saída, então, olhei pra cima e clamei ao Senhor, a saída estava em olhar pra cima. "Ele ouviu meu clamor, estendeu sua mão e tirou-me daquele lamaçal. Colocou meus pés sobre uma rocha, firmou meus passos e pôs um novo cântico na minha boca". Hoje junto do Pai, não tenho falta de nada.

Quando um salvo se deixa levar pela cobiça, é atraído e seduzido pelos prazeres do mundo. Se persistir no erro, não reconhecer que pecou, não confessar, nem se arrepender e morrer enquanto escravo do pecado, perde a salvação. Está escrito: "Então, a cobiça, depois de haver concebido, dá luz ao pecado, e o pecado uma vez consumado, gera a morte" (Tiago 1:15). O desejo de pecar está em você, mas o desejo do arrependimento e de mudança vem do Espírito Santo que está em você. Cabe a nós decidir aceitar a mudança ou não. Há restrições para quem quer andar em espírito, porém, Deus não nos obriga a servi-lo, nós é que decidimos. Porém, viver em espírito requer obediência, "Porque, se viverdes segundo a carne, caminhais para a morte; mas se pelo Espírito, mortificardes os feitos do corpo, vivereis", (Romanos 8:12,13). A Bíblia diz que fomos selados com o Espírito Santo quando cremos (Efésios 1:13), e chamados para a santidade, "Porque Deus não nos chamou para impureza, e sim para a santificação" (l Tess. 4:7). Isso ignifica que a vontade de Deus é que sejamos santificados, "Pois esta é a vontade de Deus: a vossa santificação, que vos abstenhais da prostituição" (I Tess. 4:3).[179]

---

[179] COSTA, Hermisten Maia Pereira da. Santificação completa ou Processual? **Monergismo**, 2003. Disponível em: http://www.monergismo.com/textos/santificacao/santificacao_hermisten.htm. Acesso em: 26 mar. 2022.

17

JESUS E A LEI

17.1 A lei foi abolida?

Não há consenso entre estudiosos da bíblia sobre a lei de Moisés, alguns entendem que a Lei de Moisés foi abolida por Jesus ao estabelecer o Novo Testamento. Outros porém dizem que Jesus aboliu parte da Lei. Afinal, Jesus aboliu a Lei ou parte da Lei? Essas interpretações estão equivocadas, pois do Antigo Testamento é o que constitui a base do Novo Testamento e continua em vigor. Os fariseus acusaram Jesus de violar a Lei, mas quando instruía e ensinava seus discípulos em Mateus 5:17, Ele disse: "Não penseis que vim revogar a lei ou os profetas, não vim para revogar, vim para cumprir". Está dizendo que, com sua chegada, cumpriu-se a lei, pois na lei e nos profetas está escrito a respeito dele. Não está dizendo que veio cumprir o que os rituais judaicos mandavam. E completou: "Porque em verdade vos digo: até que o céu e a terra passem, nenhum "i" ou um "til" jamais passará da Lei, até que tudo se cumpra" (Mateus 5:18). "Até que tudo se cumpra". Está falando da Lei Cerimonial, que haveria de vigorar até sua morte e ressurreição. Jesus garantiu a seus discípulos que não veio revogar a Lei, veio para cumprir. E que "Deus não vai remover uma vírgula da Lei, até que tudo se cumpra". Isso significa duas coisas: em primeiro lugar está dizendo que, como um judeu, estava sob o comando da Lei, portanto devia cumprir todos os preceitos da Lei. Em segundo, está dizendo que veio para cumprir o que dele estava escrito na Lei e nos profetas (a vinda do Salvador), fato que os próprios fariseus conheciam e esperavam.

Jesus disse ainda, que a Lei iria prevalecer "até que tudo se cumprisse". O contexto histórico nos revela que a Lei de Moisés é boa e útil, não somente para judeus e cristãos, mas para toda a humanidade, porém, não trouxe aperfeiçoamento ao povo (Hebreus 7:19). O ritualismo, um preceito imposto pela Lei como o sacrifício de animais, cujo sangue era oferecido a Deus para justificar uma transgressão da Lei, e outros cerimoniais religiosos fixos, como festas da Páscoa, tabernáculo, Pentecostes, apontava para Cristo, mas o povo não entendeu. Eram ordenanças da Lei que se cumpriram com a morte e ressurreição de Cristo, estas sim, é que se tornaram sem efeito na nova dispensação, não a Lei em si. Quando Jesus disse "até que tudo se cumpra", está dizendo que, com sua morte e ressureição, todos os ritos cerimoniais iriam cessar. Desde então as ordenanças cerimoniais da Lei passam a não ser mais necessárias.

Israel entraria para uma nova era: a dispensação da graça. Jesus veio estabelecer uma nova aliança, morrendo sacrificado como um cordeiro e derramando seu sangue para remir os pecados dos que creem. Seu sacrifício substituiu as ordenanças cerimoniais da antiga aliança, e desde então não haverá mais necessidade de rituais e nenhuma espécie de sacrifícios para justificar-se perante Deus, "Ele é o Cordeiro que tira o pecado do mundo" (João 1:29). Com a nova aliança, Israel estaria dispensado da obrigação da Lei, mas não creram em Jesus.[180]

Paulo diz em Romanos 10:4 "Porque o fim da Lei é cristo, para a justiça de todo aquele que crê". Para entender um texto precisamos recorrer ao contexto. Muita gente interpreta erroneamente esse texto para afirmar que a Lei foi abolida com a criação do Novo Testamento. Quando Paulo diz: "Porque o fim da Lei é Cristo" não está dizendo que a Lei chegou ao fim, terminou. "Fim" aqui não significa conclusão. A palavra "fim" pode ser traduzida aqui como finalidade, objetivo ou propósito. Então, podemos dizer que o propósito da Lei é Cristo. Negligenciar o Antigo Testamento representa um grave erro, pois a graça não anula a Lei em si, e sim as obras da Lei.

17.2 Salvação pela graça

Depois de ter se cumprido o tempo conforme dito, Jesus fundou sua Igreja, deu-nos um Novo Testamento, inaugurou um novo período na história de Israel: a dispensação da graça. Enquanto que na dispensação da lei, Israel foi testado quanto à obediência, mas foi reprovado, porquanto seus sacrifícios já não agradavam mais a Deus. Visto que, pelas obras da lei, é impossível ao homem se justificar para ser salvo, (Romanos 3:20) Deus estabeleceu uma nova aliança com seu povo e com todos os homens, sacrificando seu filho (Jesus), para justificação de todo aquele que crê. Assim não estamos mais debaixo da lei, mas da Graça,

---

[180] ANDRÉ. Eis o Cordeiro que tira o pecado do mundo. **JC na veia**, 2018. Disponível em: https://www.jcnaveia.com.br/mensagem/eis-o-cordeiro-de-deus-que-tira-o-pecado-do-mundo/. Acesso em: 14 maio 2022.

está escrito: "Porque o pecado não terá domínio sobre vós, pois não estais debaixo da lei, e sim da graça" (Romanos 6:14). Somos salvos pela graça (favor imerecido), por meio da fé em Cristo Jesus, ninguém poderá ser salvo por meio das obras.

A graça veio para absolver Israel da condenação da lei, mas Israel não a reconheceu. Está escrito: "Veio para o que era seu, e os seus não o receberam. Mas, a todos quantos o receberam, deu-lhes o poder de serem feitos filhos de Deus, a saber, aos que creem em seu nome" (João 1:11-12).[181]

O Senhor Jesus morreu para nos livrar do pecado de morte, uma maldição que herdamos de nossos pais, Adão e Eva. Dessa herança estamos livres, porém, a natureza pecaminosa continua presente em nós, assim estamos sujeitos a pecar. Paulo nos diz pra não pecarmos, se, todavia, pecarmos, temos um advogado junto ao Pai, Jesus Cristo, o justo (1 João 2:1).

A salvação só é possível pela graça de Deus, por meio da fé em Cristo Jesus. Graça significa favor imerecido, nenhum homem poderá ser salvo por meio das obras, não há nada que ele possa fazer para merecer a salvação. Qualquer sacrifício que se fizer para merecê-la será inútil. Jesus contou a Nicodemos um fato histórico bem conhecido dos líderes judeus. Israelitas estavam morrendo ao serem mordidos por serpentes enviadas por Deus, no meio do arraial, como consequência do pecado do povo. Então se arrependeram, clamaram e Deus ouviu. Desta vez o Senhor não pediu oferta de sacrifício, ordenou a Moisés que construísse uma serpente de metal e a pendurasse numa haste.

Todo aquele que fosse mordido, bastava olhar para a serpente de metal para não morrer (Números 21:8-9). Esse episódio aponta para o sacrifício de Jesus na cruz e representa o grande amor de Deus não somente a Israel, mas a toda humanidade. "Porque Deu amou o mundo de tal maneira que deu o seu filho unigênito, para que todo aquele que nele crê não morra, mas tenha a vida eterna" (João 3:16).

A missão principal e perene da Igreja é divulgar o evangelho ou as boas novas em todas as nações e a toda criatura. Quando essa missão estiver cumprida, Jesus disse que voltará para arrebatar sua Igreja da face da Terra e livrar seus escolhidos da aflição que se abaterá sobre o mundo nesses dias. Depois disso voltará pela segunda vez como juiz para julgar as nações (Mateus 25:31-32). Os homens, governantes, os ricos e poderosos,

---

[181] BIBLÍA SAGRADA, 2008

escravos e livres, todos procurarão se esconder da face daquele que se assenta no trono da ira do cordeiro, "porque chegou o grande dia da ira que cairá sobre eles [...]" (Apocalipse 6:17).

Irmãos, há bilhões de pessoas na face da Terra que já ouviram falar de Jesus, mas não conhecem o plano de Deus para salvação deles. Quem está com a responsabilidade de levar as boas novas pra essas pessoas? A igreja! Ou seja, eu e você! O Senhor Jesus delegou aos seus primeiros discípulos a missão de ir até os confins da Terra e fazer discípulos de todas as nações. Apesar da opressão que sofriam por parte de Roma, eles foram e testemunharam. Milhares de cristãos, do primeiro ao quarto século, deram suas próprias vidas por amor a Cristo, "E a multidão dos que criam no Senhor, tanto homens como mulheres, cresciam cada vez mais [...]" (Atos 5:14). A Igreja primitiva viveu em temos difíceis, sob domínio de governos ditatoriais, mesmo assim ela se expandia e crescia em número. Apesar de haver países que ainda hoje a Igreja não é bem recebida ou aceita, ela continua a crescer. O segredo do crescimento da Igreja primitiva era seguir quatro princípios básicos: fraternidade, oração, santificação e obediência. Será que não é isso que está faltando na Igreja dos dias de hoje?

Ao contrário da Europa e dos EUA, o número de evangélico no Brasil vem crescendo conforme o relatório do IBGE.[182] Em 1970 os evangélicos eram 5% da população brasileira, cerca de 4.750 milhões. No ano de 2000, eram 26.6 milhões, em 2010 eram 42.3 milhões, em 2021 chegou a 65 milhões de evangélicos, ou 31% um terço da população.[183] Esse número pode ser ainda maior, pois, segundo estimativa do mesmo órgão, a população brasileira ultrapassou 213 milhões de habitantes.

Afinal, a que se atribui o crescimento do número de evangélico no Brasil? Vamos aos fatos históricos: tudo começou com o neopentecostalismo. Um movimento de renovação cristã que se destacou na década de 1960 nos Estados Unidos, um movimento cristão conhecido também como Terceira Onda. Favorecido pelo caminho aberto pelo pós-moderno e pelo Nova Era. O neopentecostalismo começou a se expandir no Brasil a partir dos anos de 1970, provocando um crescimento numérico da Igreja em pouco tempo. Sua principal característica é a "Teoria da Prosperi-

---

[182] GAIER, Rodrigo Veiga. O Número de evangélico cresce 61/% no Brasil, diz IBGE. **Terra**, São Paulo, 2020. Disponível em: https://www.terra.com.br/noticias/brasil/numero-de-evangelicos-cresce-61-no-brasil-diz-i-bge,c0addc840f0da310VgnCLD200000bbcceb0aRCRD.html. Acesso em: 20 abr. 2022

[183] JANSEN, Roberta. Um Brasil evangélico pode ser menos conservador, diz pesquisador. **Terra**, out. 2020. Disponível em: https://www.terra.com.br/noticias/brasil/cidades/um-brasil-evangelico-pode-ser-menos-con-servador-diz-pesquisador,c1619e562db8f1a0b689b7fc69d11670ja7bg40v.html. Acesso em: 14 maio 2022.

dade" seguida de expulsão de demônios, libertação e cura espiritual, e para conseguir a simpatia por parte do povo usa um forte apelo popular. Esse discurso é o que atrai milhares de pessoas, que buscam encontrar nessa proposta uma resposta para a solução dos seus problemas pessoais. Não se pode negar que o neopentecostalismo prega, que a mensagem do evangelho, além da salvação eterna em Cristo, inclui também bênção financeira, cura física, libertação da opressão do mal. Isso é verdade e é bíblico: em Marcos 16:16-17 e João 14:12.

Segundo o Estado de Minas, MFPG de 18/02/2020:

> A Organização Mundial da Saúde (OMS) atesta que a fé influencia na saúde física, mental e biológica. A crença pode diminuir os riscos de diabetes, doenças cardiovasculares, respiratórias, infartos, insuficiência renal e acidente vascular cerebral. Em 2004, o São Paulo Medical Journal, da Associação Paulista de Medicina, publicou uma pesquisa que afirma o poder da prece na recuperação de paciente com câncer.[184] 183

O que está em desacordo com o mesmo evangelho é a forma em que esses ensinamentos são praticados, dão ênfase aos benefícios pessoais que podem vir pela fé, porém colocam em segundo plano a essência do Evangelho, o principal benefício da fé que o homem pode receber, a salvação. Essa é mais uma das características centrais do neopentecostalismo, usar um discurso que o povo quer ouvir, não o que precisam ouvir.[185] Um apelo para atrair multidões pra alcançar seus objetivos, não importa se terão de passar por uma conversão ou não. O neopentecostalismo tem como lema: "Fé = sacrifício", quando a palavra de Deus diz que "Fé = obediência".

17.3 A igreja não envelhece

Na nova aliança Deus não exige o sacrifício como uma manifestação da fé. Não encontramos no Novo Testamento ensinamentos sobre dependência do sacrifício para recebermos bênçaos financeira, encontramos

---

[184] MF PRESS GLOBAL. Ciencia comprova benefício da fé, para o corpo, mente e coração. **EM MFPG**, 18 fev. 2020. Disponível em: https://www.em.com.br/app/noticia/economia/mf-press/2020/02/18/mf_press_economia_economia,1122797/ciencia-comprova-os-beneficios-da-fe-para-o-corpo-mente-e-coracao.shtml. Acesso em: 14 maio 2022.

[185] VELIQ, Fabrício. Movimento pentecostal e neopentecostal: diferenças e semelhanças. **Dom total**, 2018. Disponível em: https://domtotal.com/noticia/1258786/2018/05/movimento-pentecostal-e-neopentecostal--diferencas-e-semelhancas/. Acesso em: 20 abr. 2022

sim dependência da obediência: "Buscai, pois, em primeiro lugar a Deus, o seu reino e a sua justiça, e todas estas coisas vos serão acrescentadas" (Mateus 6:33). A oferta, porém, deve ser por amor a obra de Deus e não como um sacrifício. "Deus ama quem dá com alegria" (2 Coríntios 9:7). "Ide e pregai o evangelho a toda criatura, curai os enfermos, libertai os cativos", mas Jesus destaca: "de graça recebestes e de graça dai". Essa ordem ainda prevalece.

O cenário em que vive a Igreja de hoje revela o contraste comparado com a igreja primitiva. O que marcou a Igreja nos três primeiros séculos foi a santidade, a oração, o amor fraternal, união e a ousadia. Ninguém se unia a Igreja para receber vantagens ou benefício algum, está escrito em Atos 4:32 que, "da multidão dos que creram, era um o coração e a alma". Quem recebia a palavra de Deus se encarregava de levá-la a outras pessoas, assim a Igreja crescia em número e em qualidade. A Igreja de hoje precisa voltar ao primeiro amor, obedecer ao padrão bíblico de evangelização. O cenário pode não ser mais o mesmo, mas o Espírito Santo é o mesmo, as regras são as mesmas. A tecnologia moderna pode ser uma ferramenta de auxílio à Igreja na evangelização, mas nunca substituirá o evangelismo pessoal. A fala ao pé do ouvido continua sendo a mais eficaz. O apelo pela TV pode alcançar milhões de uma só vez, mas o que atrai a atenção do público não são as boas novas da salvação, mas as promessas de curas, milagres e benção materiais.

Jesus se deparou com uma situação semelhante no seu tempo, quando uma multidão foi até Cafarnaum à sua procura, então respondeu: "[...] vós me procurais, não porque vistes os sinais, mas porque comestes dos pães e fartastes" (João 6:26). Isso acontece nos dias de hoje e explica templos cheios, mas provavelmente com pessoas que entram e saem vazias espiritualmente. A Igreja de Cristo de hoje precisa mudar, assimilar as qualidades da Igreja primitiva e cumprir seu papel ministerial, visando ao crescimento com qualidade, traçar planos estratégicos para alcançar almas perdidas.[186]

A Igreja de Cristo não envelhece, se renova no Espírito, "visando o aperfeiçoamento dos santos para o desempenho do seu serviço, para edificação do corpo de Cristo" (Efésios 4:12). Nosso corpo envelhece naturalmente com o passar dos anos, só percebemos quando começar a aparecer as rugas, do mesmo modo acontece com a Igreja, se não obedecer,

---

[186] RODRIGUES, Welfany Nolasco. **O Crescimento da Igreja**, 2020. Disponível em: https://www.esboco-sermao.com/2012/11/o-crescimento-da-igreja.html. Acesso em: 20 abr. 2022.

buscando a renovação a cada dia, a santificação, visando ao aperfeiçoamento do corpo de Cristo, os anos passarão, se tornará estática, inerte, torna-se uma Igreja enrugada. É comum ouvir um crente dizer: "Não existe igreja perfeita"! É claro que existe! A Igreja de Cristo é perfeita.

Quando Jesus disse "sede perfeito, como vosso pai é perfeito", não está dizendo para buscarmos alcançar a perfeição de Deus, mas para sermos perfeitos como Deus em nossa dimensão: em amor, fraternidade, buscando a santificação e o conhecimento da vontade de Deus. Perfeição no hebraico significa: "correto" "cheio de paz" "sem mancha". No grego, o termo é *teleios,* quer dizer: "maduro", "desenvolvido" "completo". Somos membros imperfeitos, num corpo perfeito, mas em busca da perfeição, "mas, quando vier o que é perfeito, então o que é imperfeito desaparecerá" (1 Coríntios 13:10). Isso ocorrerá no arrebatamento, ou após a primeira ressureição, quando seremos transformados. Não sejamos crentes enrugados, cruzando os braços e deixando o tempo passar.

> Jesus mesmo concedeu uns para apóstolos, outros para profeta, outros para evangelistas e outros para pastores e mestres, visando o aperfeiçoamento dos santos para o seu serviço, [...] até que todos cheguemos à unidade da fé e do pleno conhecimento do filho de Deus [...] Para que não sejamos como meninos, agitados de um lado para o outro e levados [...] por ventos de doutrina, pela artimanha dos homens, pela astúcia com que induzem ao erro (Efésios 4:11-14).

A missão da Igreja não foi delegada somente aos pastores, cabe a todos membros do corpo de Cristo desempenharem seu papel buscando se capacitar pela oração, da santificação, do amor fraternal, e da obediência andando em Espírito. Minha pastora dizia sempre: "Quem ora muito, recebe muito". "Quem ora pouco, recebe pouco". "Quem não ora, recebe nada". Uma igreja inativa não produz frutos. Todos nós recebemos talentos quando cremos, uns mais outros menos, mas todos receberam. O Senhor disse que haveremos de prestar conta com Ele quando voltar. Fato é que ninguém pode dizer que não tem ou não teve oportunidades pra testemunhar, pois todos nós temos um parente, um amigo, um vizinho, um colega de trabalho não crente. Fora tantas outras oportunidades que Deus nos deu e que foram perdidas. Jesus disse: "E por que me chamais Senhor, Senhor, e não praticais o que eu vos mando?" (Lucas 5:46). Irmãos, isso é sério! A Igreja precisa voltar aos padrões bíblicos e não se deixar influenciar pelos conceitos da pós-modernidade, nem tampouco se deixar dominar pelo vício e comodidade que ela impõe. Precisa focar no evangelismo pessoal envolvendo toda a congregação. Há todo um contexto histórico-bíblico que aponta o tempo atual como o começo do tempo do fim, mas ainda há tempo e muitas almas pra serem alcançadas pra Jesus. É certo que vivemos hoje outro cenário. O relativismo, o pluralismo, o individualismo, a inversão de valores éticos e morais têm sido um desafio para a Igreja hoje, mas o Espirito Santo é o mesmo.

17.4 Estruturação missionária de uma igreja local

Sugiro que a Igreja local se organize. O pastor deve convocar a congregação para uma obra missionária com a sua supervisão geral, comece formando uma equipe para ajudar a preparar um programa de evangelização envolvendo toda a Igreja. Da equipe formada, escolha um ou dois para dirigir e coordenar o programa. Crie um quadro de atividades da Igreja, e pode-se começar formando dois grupos permanentes: um de evangelismo pessoal, outro grupo de oração, culto e estudos bíblicos nos lares. Cada grupo será composto de várias equipes, com seis a oito membros, dependendo do número de pessoas na Igreja, e sobre cada equipe um líder para supervisionar suas atividades. Além desses dois grupos, devem ser criadas comissões de visitação e integração. Essas comissões ficarão encarregadas de visitar, acompanhar e integrar os possíveis novos convertidos à Igreja, e atender às solicitações de visitas, e pedidos de cultos e orações. O quadro de atividades deverá contar ainda com quatro equipes de introdutores, composta por quatro ou seis rapazes e moças que se revezarão em regime de escala durante o mês. Os introdutores ficarão encarregados de receber os visitantes na porta da Igreja nos dias de cultos e encaminhá-los até ao seu assento.

Todos os líderes e responsáveis por setores devem passar por treinamento. A Igreja deve convidar alguém que tem conhecimento de técnicas de evangelismo pessoal para preparar as equipes, após receberem treinamento, essas equipes deverão ser enviadas para a prática. Porém, o grupo de culto e estudos bíblicos nos lares deve ser preparado e orientado pelo pastor da igreja. Os locais de atuação das equipes de evangelismo e de cultos nos lares, bem como a data e horário devem ser definidos com antecedência pelos líderes de grupos.

Cultos nos lares serão realizados todas as semanas, o dia e horário devem ser estabelecidos pela família. As equipes deverão ser divididas em duplas, cada dupla ficará responsável pelo culto em uma residência, assim um número maior de lar e pessoas serão alcançados. É muito importante a participação de mais irmãos da igreja nos cultos dos lares para apoiar e auxiliar os irmãos dirigentes. Cada lar representa uma extensão da igreja de Cristo, e o evangelho é a chave que abre a porta dos céus. Assim, cada lar representa um núcleo de estudos bíblicos, construindo-se em oportunidades de crescimento espiritual e conhecimento na palavra de Deus, além de levar as boas novas aos vizinhos, amigos parentes e convidados.

Depois de preparados e debaixo da unção do Espírito Santo e sob a autoridade do líder espiritual da igreja, as equipes de evangelismo pessoal de posse de todo material serão enviadas aos bairros da cidade, começando pelos bairros próximos da igreja. No local, cada equipe subdividida, e de dois a dois, tomarão uma rua, uma dupla de cada lado, de casa em casa. Ao ser recebido, coloca em prática o que recebeu em treinamento. Ao deparar com uma pessoa na rua, aproxime-se dela, e se ela não dispor de tempo para te ouvir, entrega-lhe pelo menos um panfleto com uma porção da palavra de Deus e endereço da Igreja.

Há outras atividades evangelísticas que devem fazer parte do quadro de atividades da igreja e exercidas pelos dois grupos: culto ao ar livre nas praças públicas, distribuição de panfletos em avenidas e ruas movimentadas, visitação aos enfermos em hospitais, presídios e outros. Os dois grupos devem se unir e planejar, escolher o dia da semana e horário, dividir em equipes e determinar as tarefas de cada uma. O dia e horário ideal para culto nas praças seria sábado à noite, domingo à tarde ou dias de feriados. Visitação a hospitais e presídios vai depender dos dias e horário abertos para visitas. Fazemos a obra, não para sermos salvos, mas porque somos salvos. A obra não é nossa, é de Deus, porém o Senhor Jesus encarregou sua Igreja de executá-la. O "IDE" ainda está valendo, eu e você teremos que prestar conta quando ele voltar. O que vamos dizer a Ele quando chegar? Que em vez de multiplicar, enterramos o talento que recebemos dele? O que vamos fazer, esperá-lo de mãos vazias? Paremos um pouco pra refletir e perguntar a nós mesmos: quantas vezes, no último ano ou nos últimos cinco anos, fui a um hospital para visitar, orar e falar do amor de Deus para um doente, levando uma palavra de esperança pra ele? Quantas vezes este ano, ou nos últimos cinco anos, fui ao presídio visitar um preso e orar por ele? Essa tarefa não é somente dos pastores, mas de cada crente. Homens, mulheres, adultos, jovens e adolescentes membros do corpo de Cristo devem participar das atividades evangelísticas da Igreja de acordo com a disponibilidade de cada um. O objetivo deste programa é a formação de pontos de pregação da palavra de Deus expandindo sua obra pelos bairros da cidade ou onde O Senhor mandar.

Na maioria dos países, nós cristãos temos toda a liberdade pra pregar o evangelho, apesar das adversidades, dos desafios da pós-modernidade, a Igreja cumprirá o seu papel, pois Jesus disse: "As portas do inferno não prevalecerão contra ela" (Mateus 16:18. Os sinais indicam que o arrebatamento da igreja está às portas. Deus falou ao profeta Daniel referindo-se à grande tribulação pela qual passarão os judeus dizendo: "Agora, vim para fazer-te entender o que há de suceder ao teu povo nos últimos dias; porque esta visão se refere a dias ainda distantes" (Daniel 10:14). Esse tempo chegou! Estamos vivendo o início do fim. As evidências proféticas estão bem aí, diante de nossos olhos, soando como um aviso do Senhor aos seus filhos. Maranata! (Ora vem Senhor Jesus!).

REFERENCIAS

A LUZ DO EVANGELHO. A "Igreja" moderna e seu falso "evangelho". **A Luz do Evangelho,** [*s. l.*], 21 set. 2017. Disponível em: https://www.aluzdoevangelho.com/single-post/2017/09/21/A-IGREJA-MODERNA-E-SEU-FALSO-EVANGELHO. Acesso em: 2 fev. 2022.

A MULHER VESTIDA DE SOL. O mundo dividido em dez regiões. 2020. Disponível em: https://www.mulhervestidadesol.com.br/Pagina/1648/O-mundo-dividido-em-10-regioes. Acesso em 10 maio 2022.

A SENTINELA. **Banho ritual judaico – um precursor do batismo.** [2022?], Disponível em: https://wol.jw.org/pt/wol/d/r5/lp-t/2006763. Acesso em: 26 mar. 2022.

A12.COM. Tropas do General Tito Tomam a Cidade de Jerusalém. **A12.com,** [*s. l.*], 19 jan. 2019. Disponível em: https://www.a12.com/redacaoa12/historia-da-igreja/tropas-romanas-do-general-tito-tomam-a-cidade-de-jerusalem. Acesso em: 2 fev. 2022.

ABRANTES, João. Igreja Adormecida: Um povo que me honra apenas com os lábios. **JM Notícia,** [*s. l.*], 4 jun. 2018. Disponível em: https://www.jmnoticia.com.br/2018/06/04/igreja-adormecida-um-povo-que-honra-me-apenas-com-os-labios-por-pastor-joao-abrantes/. Acesso em: 2 fev. 2022.

AGUIAR, Rubens Silva. Ventos de doutrinas, ensinos errados e mente fechada. **Jacuípe Notícias,** [*s. l.*], [20--]. Disponível em: http://www.jacuipenoticias.com.br/Religiao/janeiro/ventos-doutrinas.htm. Acesso em: 2 fev. 2022.

AIRTON'S BIBLICAL PAGE. História de Israel 32. Os prefeitos e procuradores romanos da Judeia. **Ayrton's Biblical Page,** [*s. l.*], 23 nov. 2021. Disponível em: https://airtonjo.com/site1/historia-32.htm. Acesso em: 3 out. 2020.

ALLAN, Denis. Líderes Religiosos em Conflitos com Deus. **Estudos Bíblicos,** [*s. l.*], [200-]. Disponível em: https://estudosdabiblia.net/jbd458.htm. Acesso em: 2 fev. 2022.

AMORIM, Rodrigo. Agenda 2030: Um projeto para uma Nova Ordem Mundial. **Blog Rodrigo Amorim**, 2021. Disponível em: https://rodrigoamorim.com.br/blog/agenda-2030-um-projeto-para-uma-nova-ordem-mundial/. Acesso em: 08 maio 2022.

ANDRADE, Ana Luíza Mello Santiago de. Segundo Triunvirato de Roma. **Info Escola**, [*s. l.*], 2019. Disponível em: https://www.infoescola.com/historia/o-segundo-triunvirato-de-roma/. Acesso em: 25 mar. 2022

ANDRADE, Marcio. Qual o Real Significado do Batismo? **Estudo gospel**, 30 mar. 2011. Disponível em: https://estudos.gospelmais.com.br/qual-o-real-significado-do-batismo.html. Acesso em: 14 maio 2022.

ANDRÉ. Eis o Cordeiro que tira o pecado do mundo. **JC na veia**, 2018. Disponível em: https://www.jcnaveia.com.br/mensagem/eis-o-cordeiro-de-deus-que-tira-o-pecado-do-mundo/. Acesso em: 14 maio 2022.

ÂNGELO, Cindi. Naamã, uma fé que caminha na obediência. **Geração Profética,** [*s. l.*], 1 out. 2016. Disponível em: https://cindiangelo.wordpress.com/2016/10/01/naama-uma-fe-que-caminha-na-obediencia/. Acesso em: 2 fev. 2022.

ASSEMBLEIA DE DEUS. O poder Irresistível da Comunhão na Igreja. **AD Industrial,** [*s. l.*], jan. 2011. Disponível em: https://www.adindustrial.com.br/2011/01/ebd-licao-4-o-poder-irresistivel-da-comunhao-na-igreja/. Acesso em: 2 fev. 2022.

BALLARD, Russell. Acautelai-vos dos Falsos Profetas, e Falsos Mestres. **Church of Jesus Christ**, 1999. Disponível em: https://www.churchofjesuschrist.org/study/general-conference/1999/10/beware-of-false-prophets-and-false-teachers?lang=por. Acesso em: 22 abr. 2022.

BAUMAN, Zygmunt. **O mal-estar da pós-modernidade.** Tradução de Mauro Gama. Rio de Janeiro: Zahar Editora, 1997.

BELONI, Cris. O que significa os dez chifres Profetizado por Daniel? **Gospel Prime**, 18 junho 2020 Disponível em: https://www.gospelprime.com.br/o-que-significa-os-dez-chifres-profetizados-por-daniel/ Acesso em: 25 mar. 2022

BEZERRA, Juliana. Igreja Medieval. **Toda Matéria,** [*s. l.*], [201-]. Disponível em: https://www.todamateria.com.br/igreja-medieval/. Acesso em: 2 fev. 2022.

BÍBLIA SAGRADA. Tradução de João Ferreira de Almeida. 2. ed. Barueri: Sociedade Bíblica do Brasil, 2008.

BLOG CANÇÃO NOVA. Perseguição aos cristãos: Imperadores Trajano e Marco Aurélio. **Blog Canção Nova,** [*s. l.*], 15 out. 2012. Disponível em: https://blog. cancaonova.com/hpv/perseguicao-aos-cristaos-imperadores-trajano-e-marco-aurelio/. Acesso em: 2 fev. 2022.

BOA NOVA. Uma Nova Criatura em Cristo. **Revista Boa Nova,** [*s. l.*], 23 fev. 2011. Disponível em: https://portugues.ucg.org/ferramentas-de-estudo-da-biblia/curso-biblico/curso-biblico-licao-9/uma-nova-criatura-em-cristo. Acesso em: 12 maio 2022.

BONI, Luis Alberto de. O estatuto jurídico das perseguições dos cristãos no império romano. **Trans/Form/Ação,** Marília, v. 37, p. 135-168, 2014. Disponível em: https://doi.org/10.1590/S0101-3173201400ne00009. Acesso em: 2 fev. 2022.

BORBA, Thadeu e Rita. Inversão de valores. **Verbo da Vida,** [*s. l.*], 4 mar. 2016. Disponível em: http://verbodavida.org.br/mensagens-gerais/inversao-de-valores/. Acesso em: 2 fev. 2022.

BOSWORTH, F. F. **Cristo, aquele que cura.** Tradução de Josué Ribeiro. Rio de Janeiro: Graça Editora, 1973.

BRILHADOR, Edy. A chaga Mortal. **Examiner profético.info,** 19 junho 2021. Disponível em: https://profetico.info/oapocalipseeassim/a-chaga-mortal/Acesso em:11 maio 2022.

BULHA, Filipa. Papa Francisco Afirmou que a humanidade precisa de um "líder global". **Jornal Poligrafo,** 12 fev. 2019. Disponível em: https://poligrafo.sapo.pt/fact-check/papa-francisco-afirmou-que-a-humanidade-precisa-de-um-lider-global. Acesso em: 08 maio 2022.

CABRAL, Zélio. **A septuagésima semana de Daniel.** São Paulo: Editora Club dos Autores, 2019.

CASONATO, Odalberto D. Quem eram os fariseus. **Trabalhos Feitos,** [*s. l.*], 17 jun. 2012. Disponível em: https://www.trabalhosfeitos.com/ensaios/Quem-Eram-Os-Fariseus/72785080.html. Acesso em: 2 fev. 2022.

CASTRO, Roberto C. G. Manuscrito do mar morto ainda guarda mistérios, 70 anos depois. **Jornal da USP**, São Paulo, 2017. Disponível em: https://jornal.

usp.br/cultura/manuscritos-do-mar-morto-ainda-guardam-misterios-70-anos-depois/. Acesso em: 14 maio 2022.

CENTRO PRESBITERIANO DE PÓS-GRADUAÇÃO. História da igreja. Sua origem, evolução histórica e significado atual. **Centro Presbiteriano de Pós-Graduação**, [*s. l.*], [20--]. Disponível em: https://cpaj.mackenzie.br/historia-da-igreja/igreja-antiga-e-medieval/o-papado-sua-origem-evolucao-historica-e-significado-atual. Acesso em: 6 ago. 2020.

CINTRA, Ângela Valadão. Um gesto de obediência. **Diante do Trono**, 24 dez. 2012. Disponível em: https://diantedotrono.com/um-gesto-de-obediencia/. Acesso em: 2 fev. 2022.

CIRO, Sanches Zibordi. Igrejas que mais parecem boates. **CPADNews**, [*s. l.*], 26 ago. 2019. Disponível em: http://www.cpadnews.com.br/blog/cirozibordi/apolog%C3%83%C2%A9tica-crist%C3%83%C2%A3/230/igrejas-que-mais-parecem-boates.html. Acesso em: 2 fev. 2022.

COLE, Neil. Constantino e a institucionalização da Igreja. **Blog do Lino**, [*s. l.*], 2 dez. 2010. Disponível em: https://tiagolinno.wordpress.com/2010/12/02/constantino-e-a-institucionalizacao-da-igreja/. Acesso em: 2 fev. 2022.

CONCEITO DE. **Conceito de Geração**. 2013. Disponível em: https://conceito.de/geracao. Acesso em: 2 fev. 2022.

CONEGERO, Daniel. As bestas do Apocalipse: Uma besta subiu do mar outra da terra. **Estilo Adoração**, 2018. Disponível em: https://estiloadoracao.com/bestas-do-apocalipse/. Acesso em: 10 maio 2022.

CONEGERO, Daniel. Quem eram os Essênios. **Estilo Adoração**, [*s. l.*], 2015, Disponível em: https://estiloadoracao.com/quem-eram-os-essenios/. Acesso em: 4 maio 2022.

CONEGERO, Daniel. Somos o Templo do Espírito Santo: O Que Isso Significa? **Estilo Adoração**, [*s. l.*], [201-]. Disponível em: https://estiloadoracao.com/templo-do-espirito-santo/. Acesso em: 2 fev. 2022.

COSTA, Gilson Nunes da Costa. Não Deixe Faltar o Azeite. **WebArtigos**, [*s. l.*], 24 nov. 2016. Disponível em: https://www.webartigos.com/artigos/nao-deixe-faltar-o-azeite/147368. Acesso em: 2 fev. 2022.

COSTA, Hermisten Maia Pereira da. Santificação completa ou Processual? **Monergismo,** [*s. l.*], 2003. Disponível em: http://www.monergismo.com/textos/santificacao/santificacao_hermisten.htm. Acesso em: 26 mar. 2022.

COSTA, Israel; VIMES JUNIOR, Clacir. O Quarto Reino. **Revista Adventista,** São Paulo, fev. 2020. Disponível em: https://www.revistaadventista.com.br/da-redacao/destaques/o-quarto-reino/. Acesso em: 25 mar. 2022.

COZZER, Roney. Desafios para a Igreja na Pós-modernidade. **Comunhão Digital,** [*s. l.*], 28 abr. 2019. Disponível em: https://comunhao.com.br/desafios-igreja-pos-modernidade/. Acesso em: 2 fev. 2022.

DEYONG, Kevin. **Não Quero Um Pastor Bacana.** Tradução de Emirson Justini. São Paulo: Editora Mundo Cristão, 2011. 320 p.

DIANA, Daniela. Características do pós-modernismo. **Toda Matéria,** [*s. l.*], [20--] Disponivel em: https://www.todamateria.com.br/caracteristicas-do-pos-modernismo/. Acesso em: 2 fev. 2022.

ECAM. O que é a agenda 2030 e quais os seus objetivos. **Blog ECAM,** [*s. l.*], 2017. Disponível em: http://ecam.org.br/blog/o-que-e-a-agenda-2030-e-quais-os-seus-objetivos/#:~:text. Aceso em: 08 maio 2022.

EQUIPE BÍBLIA.COM.BR. Quem será arrebatado quando Cristo voltar? **Bíblia. com.br,** [*s. l.*], 2016. Disponível em: https://biblia.com.br/perguntas-biblicas/quem-sera-arrebatado-quando-cristo-voltar/. Acesso em: 2 fev. 2022.

EQUIPE ESTILO ADORAÇÃO. O Arrebatamento da Igreja Será Secreto? Estilo Adoração, [201-]. Disponível em: https://estiloadoracao.com/o-arrebatamento-da-igreja-sera-secreto/. Acesso em: 2 fev. 2022.

ESTUDOS BÍBLICOS E COMENTÁRIOS. Origem do Batismo de João. **Biblioteca Bíblica,** [*s. l.*], 2011. Disponível em: https://bibliotecabiblica.blogspot.com/2011/02/origem-do-batismo-de-joao.html. Acesso em: 14 maio 2022.

ESTUDOS BÍBLICOS ULTIMATO. Grupos religiosos da época de Jesus. **Ultimato,** [*s. l.*], [201-]. Disponível em: https://ultimato.com.br/sites/estudos-biblicos/assunto/igreja/grupos-religiosos-da-epoca-de-jesus/. Acesso em: 2 fev. 2022.

ESTUDOS DO FIM. Segunda Ressureição – Quando? **Estudos do Fim,** [*s. l.*], 7 jul. 2018. Disponível em: https://estudosdofim.org/segunda-ressurreicao/. Acesso em: 2 fev. 2022.

FELGUEIRAS, Geovane Alvares. **Experiencia da unidade na igreja primitiva.** [*S. l.*], 3 nov. 2018. Disponível em: https://slideplayer.com.br/slide/14289766/. Acesso em: 2 fev. 2022.

FERRAZ, Mateus. Ciência e Fé: os perigos da tecnologia. **Impacto Publicações,** [*s. l.*], 11 dez. 2011. Disponível em: https://www.revistaimpacto.com.br/biblioteca/ciencia-e-fe-os-perigos-da-tecnologia/. Acesso em: 2 fev. 2022.

FERREIRA, Sidnei Osvaldo. O cabeça da igreja. **O Verbo News,** [*s. l.*], 10 set. 2012. Disponível em: https://overbo.news/o-cabeca-da-igreja/. Acesso em: 2 fev. 2022.

FIGUEIRAS, Gabriel. Características do pastor mercenário na igreja atual (João 10:12). **Bíblia Se Ensina,** [*s. l.*], 19 out. 2018. Disponível em: https://bibliaseensina.com.br/diferenca-pastor-mercenario-e-verdadeiro/. Acesso em: 2 fev. 2022.

FOLHA GOSPEL. Pesquisa prevê que jovens cristãos estão abandonando a fé. **Folha Gospel**, 2011. Disponível em: https://folhagospel.com/pesquisa-revela-que-jovens-cristaos-estao-abandonando-a-fe/. Acesso em: 22 abr. 2022.

FRUTOS DO ESPÍRITO ESTUDOS BÍBLICOS. A Figueira sem Frutos (Mateus 21:18-22). **Frutos do Espírito Estudos Bíblicos,** [*s. l.*], 29 maio 2018. Disponível em: https://frutodoespiritoestudosbiblicos.wordpress.com/2018/05/29/a-figueira-sem-frutos-mateus-2118-22/. Acesso em: 2 fev. 2022.

GAIER, Rodrigo Veiga. O Número de evangélico cresce 61/% no Brasil, diz IBGE. **Terra**, São Paulo, 2020. Disponível em: https://www.terra.com.br/noticias/brasil/numero-de-evangelicos-cresce-61-no-brasil-diz-ibge,c0addc840f0da310VgnCLD200000bbcceb0aRCRD.html. Acesso em: 20 abr. 2022

GALVÃO, Daniel de Souza; NABARRETE JR., Waldemar. **Tecnologia, Vida e Adoração:** aprendendo a viver e a adorar num mundo novo. [*S. l.*], [201-]. https://slideplayer.com.br/slide/10431713/. Acesso em: 2 fev. 2022.

GEIER, Verner. Porque os coros estão desaparecendo das Igrejas? **Blog de Silvio Araujo,** [*s. l.*], 6 maio 2016. Disponível em: https://silvio-araujo.blogspot.com/2016/05/porque-os-coros-estao-desaparecendo-das.html. Acesso em: 2 fev. 2022.

GERMANO, Altair. Pentecostalismo pragmático. **Blog O Cristão Pentecostal,** [*s. l.*], 22 maio 2018. Disponível em: https://ocristaopentecostal.wordpress.com/2018/05/22/o-pentecostalismo-pragmatico/. Acesso em: 2 fev. 2022.

GOMES, Fábio. Se é o Espírito Santo que convence, qual é nosso papel? **Nova Aliança,** [*s. l.*], 15 out. 2017. Disponível em: https://www.novaalianca.com/mensagens/devocionais/2017/10/23/se-o-esprito-santo-que-convence-qual-nosso-papel. Acesso em: 2 fev. 2022.

GOSPEL 10. O perigo dos "objetos ungidos". **Gospel 10,** [*s. l.*], 12 fev. 2012. Disponível em: https://www.gospel10.com/artigos/o-perigo-dos-objetos-ungidos/. Acesso em: 2 fev. 2022.

GOT QUESTIONS. O que a Bíblia quer dizer com ligar e desligar. **Got Questions,** [*s. l.*], [20--]a. Disponível: https://www.gotquestions.org/Portugues/ligar-desligar.html. Acesso em: 2 fev. 2022.

GOT QUESTIONS. O que é a igreja? **Got Questions,** [*s. l.*], [20--]b. Disponível em: https://www.gotquestions.org/Portugues/definicao-igreja.html. Acesso em: 17 de junho 2020.

GOT QUESTIONS. Quanto Tempo Dura Uma Geração na Bíblia? **Got Questions,** [*s. l.*], [20--]c. Disponível em: https://www.gotquestions.org/Portugues/geracao-na-Biblia.html. Acesso em: 2 fev. 2022.

GREEN, Toby. **Inquisição:** o reinado do medo. Tradução de Cristina Cavalcanti. Rio de Janeiro: Editora Objetiva, 2012.

HIGA, Carlos César. Feudalismo. **Mundo Educação,** [*s. l.*], [20--]. Disponível em: https://mundoeducacao.uol.com.br/historiageral/feudalismo.htm. Acesso em: 2 fev. 2022.

HIGA, Carlos César. Primeiro triunvirato. **Brasil Escola,** [*s. l.*], 2012. Disponível em: https://brasilescola.uol.com.br/historiag/primeiro-triunvirato.htm. Acesso em: 24 março 2022.

HILL, Megan. A oração de fé salvará o doente. **Voltemos ao Evangelho,** [*s. l.*], 19 set. 2018. Disponível em: https://voltemosaoevangelho.com/blog/2018/12/a-oracao-de-fe-salvara-o-doente/. Acesso em: 2 fev. 2022.

HISTÓRIA DA IGREJA PRIMITIVA – RESUMO. [*S. l.: s. n.*], 2017. Publicado pelo canal Marcelo Dias 27 – MD27. Disponível em: https://www.youtube.com/watch?v=R5snYP65KJ4. Acesso em: 2 fev. 2022.

HURLBUT, Jesse Lyman. **1843-1930.** História da igreja cristã. Tradução de João Batista. São Paulo: Editora Vida, 2007.

INSTITUTO HUMANISTAS UNISINOS. Aldeias incendiadas, massacres, tortura: a secular perseguição contra os valdenses. **Revista IHU On-line,** [*s. l.*], 24 jul. 2015. Disponível em: http://www.ihu.unisinos.br/169-noticias/noticias-2015/543875-aldeias-incendiadas-massacres-tortura-a-secular-perseguicao-contra-os-valdenses. Acesso em: 2 fev. 2022.

INSTITUTO HUMANITAS UNISINOS. Internet faz com que norte-americanos percam a fé, diz estudo. **Revista IHU On-line,** [*s. l.*], 15 abr. 2014. Disponível em: http://www.ihu.unisinos.br/noticias/530325-internet-faz-com-que-norte-americanos-percam-a-fe-diz-estudo%20. Acesso em: 2 fev. 2022.

JANSEN, Roberta. Um Brasil evangélico pode ser menos conservador, diz pesquisador. **Terra,** out. 2020. Disponível em: https://www.terra.com.br/noticias/brasil/cidades/um-brasil-evangelico-pode-ser-menos-conservador-diz-pesquisador,c1619e562db8f1a0b689b7fc69d11670ja7bg40v.html. Acesso em: 14 maio 2022.

JOSÉ, Rafael. O Princípio da Igreja é composto de Membros Regenerado B. e Batizados. **Ig. B. Alto da Lapa,** 26 mar. 2020. Disponível em: https://ibaltodalapa.org.br/2020/03/26/o-principio-da-igreja-composta-de-membros-regenerados-e-biblicamente-batizados/. Acesso em: 12 maio 2022.

JÚNIOR, Antônio. Deus suprirá as suas necessidades. **Pastor Antônio Júnior,** [*s. l.*], [20--].[*s. l.*]. Disponível em: https://www.pastorantoniojunior.com.br/videos-evangelicos/deus-suprira-as-suas-necessidades. Acesso em: 2 fev. 2022.

JUNIOR, Marcos. A Igreja Imperial do edito de Constantino à queda de Roma. **Blog Crer Em Deus,** [*s. l.*], 10 mar. 2014. Disponível em: https://creremjesus.blogspot.com/2014/03/a-igreja-imperial-do-edito-de.html. Acesso em: 2 fev. 2022.

JW.ORG. Como o cristianismo chegou à Ásia Menor? **Biblioteca On-line da Torre de Vigia,** [*s. l.*], [20--]b. Disponível em: https://wol.jw.org/pt/wol/d/r5/lp-t/2007602. Acesso em: 2 fev. 2022.

JW.ORG. Os Valdenses – Hereges buscando a verdade. **Biblioteca On-line, da Torre de Vigia,** [*s. l.*], [20--]a. Disponível em: https://wol.jw.org/pt/wol/d/r5/lp-t/1981566. Acesso em: 2 fev. 2022.

KIOULACHOGLOU, Anastasios. Doação no Novo Testamento – Atos 2 e 4. **The Journal of Biblical Accuracy,** [*s. l.*], [20--]. Disponível em: https://www.jba.gr/Portuguese/Doa%C3%A7%C3%A3o-no-Novo-Testamento-Atos-2-e-4.htm. Acesso em: 2 fev. 2022.

KRÜGER, Hariet Wondracek. Marcas da pós-modernidade, na espiritualidade atual segundo o referencial cristão. **Revista Ensaios Teológicos** (Faculdade Batista Pioneira), [*s. l.*], v. 1, n. 2, dez. 2015. Disponível em: http://revista.batistapioneira. edu.br/index.php/ensaios/article/download/104/143. Acesso em: 2 fev. 2022.

LAUREANO, Rubem. Real Digital: testes pilotos pode se iniciar já em 2022. **Portal Adeca Agronegócios**, 2022. Disponível em: https://portaladeca.com/ real-digital-testes-pilotos-podem-se-iniciar-ja-em-2022/#:~:text=. Acesso em: 08 maio 2022.

LOPES, Hernandes Dias. É Deus quem dá pastores à Sua Igreja. **Guiame,** [*s. l.*], 31 maio 2014. Disponível em: https://guiame.com.br/gospel/mundo-cristao/ deus-quem-da-pastores-a-sua-igreja.html. Acesso em: 2 fev. 2022

LOPES, Hernandes Dias. Falsos mestres e falsas doutrinas. **Guiame,** [*s. l.*], 1 ago. 2013. Disponível em: https://guiame.com.br/gospel/mundo-cristao/falsos-mestres-e-falsas-doutrinas.html. Acesso em: 2 fev. 2022.

MACHADO Fernanda. Cristianismo – Religião passou de perseguida a oficial no Império Romano. **UOL Educação,** [*s. l.*], [2013]. Disponível em: https:// educacao.uol.com.br/disciplinas/historia/cristianismo-religiao-passou-de-perseguida-a-oficial-no-imperio-romano.htm. Acesso em: 2 fev. 2022.

MALTA, Nádia. Lembra-te de onde caíste, e volta. **Colodopai,** 2013. Disponível em: http://ocolodopai.blogspot.com/2013/03/sermaopra-nadia-maltalembra-te-de-onde.html. Acesso em:14 maio 2022.

MARCIO, Elcio. As características da Igreja. **Simplesmente Cristão,** [*s. l.*], 17 out. 2012. Disponível em: https://simplesmentecristao.com/2012/10/17/ caracteristicas-basicas-da-igreja/. Acesso em: 2 fev. 2022.

MARION, José Carlos. **Um só corpo, um só espírito, um só senhor:** a unidade dos cristãos é essencial antes da volta de Cristo! São Paulo: Publicadora Impacto, 2016.

MARSHALL, I. H. A Igreja começa a se expandir. **EBD Areia Branca,** [*s. l.*], 2011. Disponível em: http://www.ebdareiabranca.com/2011/1trimestre/ licao06ajuda05.htm. Acesso em: 2 fev. 2022.

MARTINEZ, João Flavio. As perseguições na igreja primitiva. **CACP,** [*s. l.*], jun. 2019. Disponível em: http://www.cacp.org.br/as-perseguicoes-na-igreja-primitiva/. Acesso em: 2 fev. 2022.

MEDEIROS, Inácio de. A Igreja no Império Romano – perseguições e vitória da Igreja. **A12.com,** [*s. l.*], 25 out. 2018. Disponível em: https://www.a12.com/redacaoa12/historia-da-igreja/a-igreja-no-imperio-romano-perseguiçoes-e-vitoria-da-igreja. Acesso em: 2 fev. 2022.

MF PRESS GLOBAL. Ciencia comprova benefício da fé, para o corpo, mente e coração. **EM MFPG,** 18 fev. 2020. Disponível em: https://www.em.com.br/app/noticia/economia/mf-press/2020/02/18/mf_press_economia_economia,1122797/ciencia-comprova-os-beneficios-da-fe-para-o-corpo-mente-e-coracao.shtml. Acesso em: 14 maio 2022.

MILLER, Andrew. **A História da Igreja.** Tradução de Hélio Henrique L. C. São Paulo: Editora DLC, 2017.

MIRANDA, Felipe. Descoberto banho ritualístico mikvé da época de Jesus em Jerusalém. **Revista Socientífica,** São Paulo, 2020. Disponível em: https://socientifica.com.br/descoberto-banho-ritualistico-mikve-da-epoca-de-jesus-em-jerusalem. Acesso em: 26 maio 2022.

MOCZAR, Diane. Revolução protestante e a suposta corrupção da Igreja Católica — Parte 1. **Apologistas Católicos,** [*s. l.*], 28 set. 2012. Disponível em: http://www.apologistascatolicos.com.br/index.php/idade-media/moral/535-revolucao-protestante-e-a-suposta-corrupcao-da-igreja-catolica-parte-1. Acesso em: 2 fev. 2022.

MOHLER, Albert. O desafio do pós-modernismo. **Ministério Fiel,** [*s. l.*], 29 maio 2009. Disponível em: https://ministeriofiel.com.br/artigos/o-ministerio-pastoral-esta-mais-estranho-do-que-costumava-ser-o-desafio-do-pos-modernismo/. Acesso em: 2 fev. 2022.

MOISÉS. Salvação – Salvação Ato e Processo. **Gospelmais,** 2013. Disponível em: https://estudos.gospelmais.com.br/salvacao-ato-e-processo.html. Acesso em: 25 mar. 2022.

MONTE, Marcos. A Ciência se Multiplicará. **Gospel Mais,** [*s. l.*], 5 out. 2016. Disponível em: https://estudos.gospelmais.com.br/ciencia-se-multiplicara.html. Acesso em: 2 fev. 2022.

MONTEIRO, João Gouveia. Flávio Josefo e o cerco romano a Jotapata (67 d.C.). *In:* CERQUEIRA, Fábio; GONÇALVES, Ana Teresa; MEDEIROS, Edalaura; LEÃO, Delfim. (org.). **Saberes e poderes do mundo antigo —** Estudos Ibero-Latino-Americanos. Coimbra: Imprensa da Universidade de Coimbra,

MORASHÁ. A queda do segundo templo sagrado. **Morashá**, [*s. l.*], jun. 2003. Disponível em: http://www.morasha.com.br/Tisha-b-Av/a-queda-do-segundo-templo-sagrado.html. Acesso em: 3 fev. 2022.

MOURA, Jaime Francisco de. **Lavagem cerebral e hipnose nos cultos protestantes.** 1. ed. Brasília: Editora e Gráfica Opção, 2010. 2013. v. 2. Disponível em: https://digitalis-dsp.uc.pt/bitstream/10316.2/34759/1/SaberesePoderesvol. II_artigo9.pdf. Acesso em: 2 fev. 2022

MOURA, Vinicius. Você já ouviu falar da lei oral? **Ser Cristão**, [*s. l.*], 1 set. 2016. Disponível em: https://www.sercristao.org/voce-ja-ouviu-falar-da-lei-oral/. Acesso em: 2 fev. 2022.

MOUTINHO, Wilson Teixeira. Império Macedônico. **Cola da Web**, [*s. l.*], 2016, Disponível em: https://www.coladaweb.com/historia/imperio-macedonico. Acesso em: 11 maio 2022.

MSTERDAM, Peter. **Sua Vida e Mensagem:** Cura à Distância (1ª Parte). Espaço dos Diretores, 28 nov. 2017. Disponível em: https://directors.tfionline.com/pt/post/jesus-sua-vida-e-mensagem-cura-distancia-1-parte/. Acesso em: 2 fev. 2022.

NICODEMUS, Augustus. **O que estão fazendo com a Igreja?** São Paulo: Editora Mundo Cristão, 2008.

NOGUEIRA, Saulo. O apóstolo Paulo vendia lenços consagrados para curar os enfermos? **Logos Apologética**, [*s. l.*], 4 abr. 2016. Disponível em: http://logosapologeticahoje.blogspot.com/2016/04/o-apostolo-paulo-vendia-lencos.html. Acesso em: 2 fev. 2022.

NÚÑEZ, Catherine Scheraldi de. Como Nascer da Água e do Espírito. **Coalisão pelo Evangelho**, 2021. Disponível em: https://coalizaopeloevangelho.org/article/como-nascer-da-agua-e-do-espirito/jan 2021. Acesso em: 13maio 2022.

ONÇA, Fabiano. Cerco a Jerusalém, judeus e romanos em um combate trágico. **Aventuras na História**, [*s. l.*], 11 out. 2019. Disponível em: https://aventurasnahistoria.uol.com.br/noticias/reportagem/historia-o-que-foi-o-cerco-de-jerusalem.phtml. Acesso em: 2 fev. 2022.

ONEGERO, Daniel. Somos o Templo do Espírito Santo: O Que Isso Significa? **Estilo Adoração**, [*s. l.*], [201-]. Disponível em: https://estiloadoracao.com/templo-do-espirito-santo/. Acesso em: 2 fev. 2022.

OSBORN, Tommy Lee. **A cura de Cristo – como recebê-la**. 2. ed. Rio de Janeiro: Graça Editora, 1999. p. 57.

OSBORN, Tommy Lee. **Curai enfermos e expulsai demônios**. Tradução de Eliseu Pereira. Rio de Janeiro: Graça Editora, 2000. p. 107.

PELEGRINI, Luis. Cátaros, a morte em nome de Deus. **Revista Planeta,** [*s. l.*], 1 fev. 2011. Disponível em: https://www.revistaplaneta.com.br/cataros-a-morte-em-nome-de-deus/. Acesso em: 2 fev. 2022.

PEREIRA, Fernando. Aspectos do sermão de Pedro no Pentecostes. **O Verbo News,** 25 jan. 2016. Disponível em: https://overbo.news/aspectos-do-sermao-de-pedro-no-pentecostes/. Acesso em: 2 fev. 2022.

PEREIRA, Jeremias. **A Igreja que Evangeliza Morre**. Belo Horizonte: Oitava Igreja P. de BH, 2014. Disponível em: https://oitavaigreja.com.br/a-igreja-que-nao-evangeliza-morre/. Acesso em: 22 abr. 2022.

PERSONA, Mario. A Primeira Ressureição: Dividida em Três Fases. **O Evangelho em Três Minutos,** [*s. l.*], [20--]. Disponível em: https://www.3minutos.net/2013/11/516-tres-estagios.html. Acesso em: 2 fev. 2022.

PERSONA, Mario. Os dias estão sendo abreviados? **O que respondi**, 2013. Disponível em: https://www.respondi.com.br/2013/03/os-dias-estao-sendo-abreviados.html. Acesso em: 12 maio 2022.

PORTO, Gabriella. Neopentecostalismo. **InfoEscola,** [*s. l.*], [20--]. Disponível em: https://www.infoescola.com/religiao/neopentecostalismo/#. Acesso em: 2 fev. 2022.

PRIMEIRA IGREJA BATISTA DE BALNEÁRIO. A Besta que Emerge da Terra. **PIBBC,** [*s. l.*], 2022. Disponível em: https://www.pibbc.com.br/post/a-besta-que-emerge-da-terra. Acesso em: 22 jul. 2021.

PYE, Robert. Dezoito mentiras da Nova Era – um ataque oculto ao cristianismo. **A Espada do Espírito,** [*s. l.*], fev. 2009. Disponível em: https://www.espada.eti.br/novaera-1.asp. Acesso em: 3 fev. 2022.

REBOUÇAS, Gessivaldo Gomes. O perigo da apostasia na igreja. **TV Jaguari,** [*s. l.*], 2 jun. 2020. Disponível em: https://tvjaguari.com.br/o-perigo-da-apostasia-na-igreja-33628 Acesso em: 2 fev. 2022.

REINKE, Tony. **10 coisas que você precisa saber sobre o perigo da mídia**. São Paulo: Editora Fiel, maio 2020. Disponível em: https://ministeriofiel.com.br/artigos/10-coisas-que-voce-precisa-saber-sobre-o-perigo-da-midia/. Acesso em: 2 fev. 2022.

RELATÓRIO LUZ 2021. O Retrato do Brasil em 2021: um país em Retrocesso Acelerado. V Relatório. **brasilnaagenda2030**, 2021. Disponível em: https://brasilnaagenda2030.files.wordpress.com/2021/07/por_rl_2021_completo_vs_03_lowres.pdf. Acesso em 08 maio 2022.

REMA. Andando pelo caminho da santidade. **Comunidade evangélica**, 2013. Disponível em: https://comunidadeevangelicarhema.com.br/andando-pelo-caminho-da-santidade/. Acesso em: 14 maio 2022.

RESPOSTAS BÍBLICA. A Parábola das Dez Virgens: estudo e significado. **Respostas Bíblicas**, [s. l.], 2009. Disponível em: https://www.respostas.com.br/parabola-das-dez-virgens-significado/. Acesso em: 08 maio 2022.

RESPOSTAS BÍBLICAS. O que é a igreja? **Respostas Bíblicas**, [s. l.], [20--]a. Disponível em: https://www.respostas.com.br/o-que-e-a-igreja/. Acesso em: 2 fev. 2022.

RESPOSTAS BÍBLICAS. O que é ser santo? **Respostas Bíblicas**, [s. l.], [20--]b. Disponível em: https://www.respostas.com.br/o-que-e-ser-santo/. Acesso em: 2 fev. 2022.

RESPOSTAS BÍBLICAS. O que era o espinho na carne de Paulo? **Respostas Bíblicas**, [s. l.], [20--]c. Disponível em: https://www.respostas.com.br/o-que-era-o-espinho-na-carne-de-paulo/. Acesso em: 2 fev. 2022.

RESPOSTAS BÍBLICAS. Quando Será o Arrebatamento da Igreja? **Respostas Bíblicas**, [s. l.], 2014. Disponível em: https://www.respostas.com.br/o-que-a-biblia-diz-sobre-o-arrebatamento/. Acesso em: 2 fev. 2022.

RESPOSTAS BÍBLICAS. Quem foi Balaão? **Respostas Bíblicas**, [s. l.], [20--]d. Disponível em: https://www.respostas.com.br/quem-foi-balaao/. Acesso em: 2 fev. 2022.

REVISTA VIRTUAL HERANÇA JUDAICA. **Herança judaica**, 2014. Disponível em: https://herancajudaica.wordpress.com/2014/04/29/mikve/. Acesso em: 25 mar. 2022.

RIBEIRO, Tadeu. Apóstolo Valdemiro Santiago vende chave ungida por 300 reais para 2019. **Portal do Trono,** [*s. l.*], 27 nov. 2018. Disponível em: https://www.portaldotrono.com/apostolo-valdemiro-santiago-chave-ungida/#. Acesso em: 2 fev. 2022.

RODRIGUES, Welfany Nolasco. **O Crescimento da Igreja,** 2020. Disponível em: https://www.esbocosermao.com/2012/11/o-crescimento-da-igreja.html. Acesso em: 20 abr. 2022.

ROLDAN, Luis. A Igreja está edificada sobre Pedro, ou sobre Jesus? **Blog Hora de Semear,** [*s. l.*], 30 jun. 2013. Disponível em: http://hora-de-semear.blogspot.com/2013/06/sobre-quem-realmente-esta-edificada.html. Acesso em: 2 fev. 2022.

ROSA, Luiz da. Por que Pedro volta a ser pescador depois que Jesus morreu? **ABíblia.org,** [*s. l.*], 15 jul. 2014. Disponível em: https://www.abiblia.org/ver.php?id=7585. Acesso em: 2 fev. 2022.

SALOMÃO, Gilberto. A desintegração, divisão e invasões barbaras. **Uol,** História Geral, 2015. Disponível em: https://educacao.uol.com.br/disciplinas/historia/imperio-romano---a-desintegracao-divisao-e-invasoes-barbaras.htm#. Acesso em: 25 mar. 2022.

SANCHES, André. O que significa Jesus dar as chaves do reino dos céus a Pedro? **Esboçando Ideias,** [*s. l.*], jul. 2018. Disponível em: https://www.esbocandoideias.com/2018/06/chaves-do-reino-dos-ceus-a-pedro.html. Acesso em: 2 fev. 2022.

SANCHES, André. Para receber a bênção de Deus eu preciso fazer sacrifícios financeiros? **Esboçando Ideias,** [*s. l.*], jul. 2012. Disponível em: https://www.esbocandoideias.com/2012/07/para-receber-a-bencao-de-deus-eu-preciso-fazer-sacrificios-financeiros.html. Acesso em: 2 fev. 2022.

SANTANA, Milton. **Os amuletos e a fé cristã.** [*S. l.*], 5 mar. 2017. Disponível em: https://www.wattpad.com/381271071-os-amuletos-e-a-f%C3%A9-crist%C3%A3. Acesso em: 2 fev. 2022.

SANTIN, Jonas Roberto. **O Arrebatamento pré, meso ou pós-tribulacionista da Igreja, numa perspectiva dispensacionalistas pentecostal.** 2015. Tese (Mestrado em Teologia) – Faculdades EST, São Leopoldo, 2015. Disponível em: http://dspace.est.edu.br:8080/jspui/handle/BR-SlFE/680. Acesso em: 2 fev. 2022.

SANTOS, Bruno. Quem veio para roubar, matar e destruir? **Guiame,** [*s. l.*], 24 mar. 2014. Disponível em: https://guiame.com.br/colunistas/bruno-dos-santos/quem-veio-para-roubar-matar-e-destruir.html. Acesso em: 2 fev. 2022.

SANTOS, Claudio. Chamados para fora. **O Verbo News,** [*s. l.*], 10 dez. 2014. Disponível em: https://overbo.news/chamados-fora/. Acesso em: 2 fev. 2022.

SCHULTZE, Mary. O Tribunal de Cristo. **Sola Scriptura TT,** [*s. l.*], set. 2004. Disponível em: http://solascriptura-tt.org/EscatologiaEDispensacoes/TribunalDeCristo-MSchultze.htm. Acesso em: 2 fev. 2022.

SHALOM ISRAEL. Sim, A figueira já floresceu. **Blog Shalom Israel,** [*s. l.*], 20 abr. 2018. Disponível em: http://shalom-israel-shalom.blogspot.com/2018/04/sim-figueira-ja-floresceue-como-1-parte.html. Acesso em: 2 fev. 2022.

SHEDD, Russell. O culto e a adoração que Deus almeja. **Teologia Brasileira,** [*s. l.*], 7 ago. 2018. Disponível em: https://teologiabrasileira.com.br/o-culto-e-a-adoracao-que-deus-almeja/. Acesso em: 2 fev. 2022.

SILVA, Daniel Neves. Heresia dos Valdenses. **Brasil Escola,** [*s. l.*], [201-]. Disponível em: https://brasilescola.uol.com.br/historiag/heresia-dos-valdenses.htm. Acesso em: 2 fev. 2022.

SILVA, Martim Alves da. Alerta! Cuidado com coisas "ungidas". **AD Mossoró,** [*s. l.*], [201-]. Disponível em: https://www.admossoro.com.br/reflexoes/alerta-cuidado-com-coisas-ungidas/. Acesso em: 2 fev. 2022.

SILVA, Sebastião José da. Os desafios da igreja no século XXI. **Igreja Jesus é a Luz do Mundo no Brasil,** [*s. l.*], [20--]. Disponível em https://sites.google.com/site/igrejapalmares/estudo-4. Acesso em: 2 fev. 2022.

SIMMONS, T. P. As Duas Fases da Vinda de Cristo. **Palavra Prudente,** [*s. l.*], 3 nov. 2015. Disponível em: https://palavraprudente.com.br/biblia/teologia-sistematica-t-p-simmons/capitulo-40-as-duas-fases-da-vinda-de-cristo/. Acesso em: 2 fev. 2022.

SISTEMAJUSTUS. **Confira as diferenças entre igreja de hoje com a de antigamente.** 2017. Disponível em: https://blog.sistemajustus.com.br/confira-diferencas-entre-igreja-de-hoje-com-de-antigamente/. Acesso em: 22 abr. 2022.

SITE WIKI. Géssio Floro. **Artigos wiki,** 2020. Disponível em: https://artigos. wiki/blog/de/Gessius_Florus. Acesso em: 15 maio 2022.

SMITH, Ralph L. **1918, Teologia do antigo testamento, história, método e mensagem.** Tradução de H. U. F. e Lucy Yamakami. São Paulo: Vida Nova, 2001.

SÓ HISTÓRIA. A Inquisição. **Só História,** [*s. l.*], [20--]. Disponível em: https:// www.sohistoria.com.br/ef2/inquisicao/. Acesso em: 2 fev. 2022.

SOARES, E. A descida do Espírito Santo. **EBD Areia Branca,** [*s. l.*], 2011. Disponível em: http://www.ebdareiabranca.com/2011/1trimestre/licao03ajuda01. htm. Acesso em: 2 fev. 2022.

SOARES, R. R. **Manual de evangelismo:** como, onde e quando obedecer ao imperativo do mestre. Rio de Janeiro: Editora Graça, 2002. 198 p

SOUZA, Eguinaldo Hélio de. Doze erros do Catolicismo Romano. **Missão Atenas,** [*s. l.*], [20--]. Disponível em: http://www.missaoatenas.com.br/site/?p=338. Acesso em: 2 fev. 2022.

SOUZA, N. R. de. Sou cidadão dos céus. **Igreja Presbiteriana Independente,** Londrina, 2 out. 2016. Disponível em: http://www.ipilon.org.br/conteudo-e-midia/mensagem/sou-cidadao-dos-ceus. Acesso em: 2 fev. 2022.

SOUZA, Rainer Gonçalves de. A Reforma Religiosa. **História do Mundo,** [*s. l.*], [20--]a. Disponível em: https://www.historiadomundo.com.br/idade-moderna/a-reforma-religiosa.htm. Acesso em: 2 fev. 2022.

STOTT, John. A grande comissão. **Ultimato,** [*s. l.*], 21 ago. 2018. Disponível em: https://ultimato.com.br/sites/john-stott/2018/08/21/a-grande-comissao. Acesso em: 2 fev. 2022.

TEOLOGIA CONTEMPORÂNEA. Neopentecostalismo: Misticismo, pragmatismo e culto a Mamom. **Blog Teologia Contemporânea,** [*s. l.*], 7 out. 2009. Disponível em: https://teologiacontemporanea.wordpress.com/2009/10/07/neopentecostalismo-misticismo-pragmatismo-e-culto-a-mamom/. Acesso em: 2 fev. 2022.

TÍTULOS DO BISPO DE ROMA. *In:* WIKIPÉDIA, a enciclopédia livre. Flórida: Wikimedia Foundation, 2019. Disponível em: https://pt.wikipedia.org/w/index. php?title=T%C3%ADtulos_do_Bispo_de_Roma&oldid=56165286. Acesso em: 2 fev. 2022.

TORRE DE VIGIA. Banho Ritual Judaico. **Jw.org**, [*s. l.*], 06 out. 2015. Disponível em: https://wol.jw.org/pt/wol/d/r5/lp-t/2006763. Acesso em: 14 maio 2022.

ULTIMATO. Relativismo pós-moderno. **Ultimato,** [*s. l.*], 2013. Disponível em https://ultimato.com.br/sites/estudos-biblicos/assunto/igreja/o-relativismo-pos-moderno/. Acesso em: 2 fev. 2022.

VALADÃO, Marcio. A salvação é pela graça. **O tempo**, Belo Horizonte, 31 jul. 2018. Disponível em: https://www.otempo.com.br/opiniao/pastor-marcio-valadao/a-salvacao-e-pela-graca-1.2007191. Acesso em: 25 mar. 2022

VALADÃO, Márcio. Igreja: corpo de Cristo. **O Tempo**, [*s. l.*], 14 jan. 2014. Disponível em: https://www.otempo.com.br/opiniao/pastor-marcio-valadao/a-igreja-corpo-de-cristo-1.772853#. Acesso em: 2 fev. 2022.

VATTIMO, Gianni. **O fim da modernidade:** niilismo e hermenêutica na cultura pós-moderna. São Paulo: Martins Fontes, 2002.

VELIQ, Fabrício. Movimento pentecostal e neopentecostal: diferenças e semelhanças. **Dom total**, 2018. Disponível em: https://domtotal.com/noticia/1258786/2018/05/movimento-pentecostal-e-neopentecostal-diferencas-e-semelhancas/. Acesso em: 20 abr. 2022

VERDADE EM FOCO. Os quatro animais simbólico e os impérios mundiais. **Verdadeemfoco,** [*s. l.*], 2017. Disponível em: https://verdadeemfoco.com.br/estudo.php?id=54. Acesso em: 10 maio 2022.

VIEIRA, Eloir. A Igreja e a grande tribulação. **A Gazeta News,** [*s. l.*], 13 jan. 2022. Disponível em: https://agazetanews.com.br/noticia/opiniao/173902/a-igreja-e-a-grande-tribulacao-por-eloir-vieira. Acesso em: 24 mar. 2022.

VIEIRA, Eloir. Como identificar os Falsos Profetas? **A Gazeta News,** [*s. l.*], 8 maio 2020. Disponível em: https://agazetanews.com.br/noticia/opiniao/152166/como-identificar-os-falsos-profetas-por-eloir-vieira. Acesso em: 2 fev. 2022.

VIEIRA, Eloir. Promessa do Senhor Jesus aos Discípulos. **A Gazeta News,** [*s. l.*], 10 jan. 2020. Disponível em: https://agazetanews.com.br/noticia/opiniao/148777/a-promessa-de-jesus-cristo-aos-discipulos-por-eloir-vieira. Acesso em: 2 fev. 2022.

VIEIRA, Eloir. Quem está detendo o anticristo de se manifestar? **Gazeta News,** [*s. l.*], 19 dez. 2019. Disponível em: https://agazetanews.com.br/noticia/

opiniao/148488/quem-esta-detendo-o-anticristo-de-se-manifestar. Acesso em 12 maio 2022.

WEBER, Jéssica Rebeca. Conheça o culto de uma igreja evangélica que lembra um show de rock. **GZH,** Porto Alegre, 14 nov. 2019. Disponível em: https://gauchazh.clicrbs.com.br/porto-alegre/noticia/2019/11/conheca-o-culto-de-uma-igreja-evangelica-que-lembra-um-show-de-rock-ck2xvr5y501at01phb4hmo1ws.html. Acesso em: 2 fev. 2022.

XIN, Yong. **Uma vez salvo não significa que somos salvos para sempre.** 2020. Disponível em: https://christiandailybelieflife.home.blog/2020/06/21/o-que-e-salvacao/. Acesso em: 25 mar. 2022.

XIN, Yong. Uma vez Salvo, Salvo Para Sempre? **Altervista,** 2019. Disponível em https://easternlightninggodsheep.altervista.org/enter-kingdom-of-heaven-2/?doing_wp_cron. Acesso em 14 maio 2022.